发现之旅栏目组 编著

古墓疑云

上海科学技术文献出版社
Shanghai Scientific and Technological Literature Press

图书在版编目（CIP）数据

古墓疑云/发现之旅栏目组编著. —上海：上海科学技术文献出版社，2020 (2021.8重印)
（考古发现之旅）
ISBN 978-7-5439-8008-2

Ⅰ.①古… Ⅱ.①发… Ⅲ.①墓葬（考古）—中国—通俗读物 Ⅳ.① K878.8-49

中国版本图书馆 CIP 数据核字（2019）第 288847 号

策划编辑：张　树
责任编辑：杨怡君　曹　惠
封面设计：合育文化

古墓疑云
GUMU YIYUN

发现之旅栏目组　编著

出版发行：上海科学技术文献出版社
地　　址：上海市长乐路 746 号
邮政编码：200040
经　　销：全国新华书店
印　　刷：常熟市文化印刷有限公司
开　　本：720×1000　1/16
印　　张：15.25
字　　数：217 000
版　　次：2021 年 8 月第 2 次印刷
书　　号：ISBN 978-7-5439-8008-2
定　　价：60.00 元
http://www.sstlp.com

目 录

秦公大墓 / 1

沉默的辉煌 / 23

发现曹操墓 / 34

马王堆传奇 / 55

王陵疑云 / 76

消失的王陵 / 111

王陵疑惑 / 125

大墓疑云 / 146

双乳山汉墓 / 155

惊情 500 年 / 181

宋陵地宫 / 188

双墩古墓 / 197

地下 4000 年 / 203

淅川楚墓 / 216

王陵遗梦 / 225

礼县，地处甘肃省山大沟深的南部地区。在这个默默无闻的国家级贫困县上，诚实善良的50几万农民精打细算地与穷苦进行着艰难的抗争。

秦公大墓

一、疯狂的古墓盗掘

20世纪末期的几年时间，礼县一时在中国乃至世界经济大国声名鹊起的原因却来自一场令许多专家、学者、政府官员和普通有良知的老百姓都深感痛心的盗墓风潮。这场"古墓浩劫"堪称千古遗恨。

据公开的文字记述，1987年，礼县部分乡村的农民在经济利益的驱动下，四处寻找、悄悄开始了一股挖掘"龙骨"的地下活动，将其作为名贵中药材出售，以换取钱财。

所谓"龙骨"，其实就是大型的古生物化石。

挖掘龙骨很快成为一时风潮，由礼县波及邻近的天水市、西和县的数十个乡镇，蔓延西汉水流域100余千米及其主要支流。期间不断传出有人挖龙骨时挖到古墓、得到宝藏，消息像风一样快地传遍各地，也像风一样快地引来了一些不法文物贩子。他们最初以低廉的价格搜罗流散在农民手里的零星古董，继之以越涨越高的现金坐地收购出土文物。对穷困有切肤感受的农民深知"一分钱难死个英雄汉"的硬道理，他们做梦也不会想到，那些锈迹斑斑的铜壶烂罐、一小块渗透土沁的玉石片竟然能够轻而易举地卖到三五万元，这种从前想都不敢想的暴利，不啻是多少代人渴望早上出门，把挡路的石头踹上一脚，石头立马变成金疙瘩一类的美梦，眼下果真变成了现实。

"若要富，挖古墓，一夜变成万元户。"龙骨，很快就被人置之脑后，忘得一干二净，再也没有人指望依靠它发家致富了。

关于礼县盗掘古墓的起因，还存在另一种没有见诸文字的说法。

赵小钧，作曲家，兰州城市学院副教授，礼县永兴乡龙槐村人，近年一直在搜集礼县盗墓活动的资料。

赵小钧说："盗墓是从20世纪90年代开始的，在我们村的村头河边有一个乌鸦洞，据说盗出来了7个鼎、6个簋，其中有2个方簋、4个圆簋。"

无论起因怎样，个别农民通过盗墓的确有钱了，而且是突然间有了很多钱。

赵小钧回忆道："有个小伙子在榆树坡上的车马坑盗完后，晚上文物贩子就把钱给他了。他把钱装在自己的衬衣里面，回到家，站到炕头把衣服一提，钱就全部落在炕上了。这把他父亲吓哭了，认为他是在哪里偷盗了，赶紧下炕悄悄地把大门锁上，开始盘问他，是不是偷盗了，哪儿来的这么多钱。他说是挖古墓卖文物的钱。"

个别农民的暴富，刺激了更多农民的"致富"欲望。一场肇始于"先富起来"的脱贫梦，很快演变为部分村庄大规模的盗掘古墓，而且来势迅猛，极为罕见。

隐藏在幕后的不法文物贩子以金钱为诱饵，推波助澜；当地的不法农民为挣钱不择手段，不计后果，把礼县的古墓推向了毁灭性的灾难。

这是一个大型炭墓坑，盗墓者把力出尽了，用背斗从盗洞里往上背土，至于墓里修的台阶，深的挖不出来了，就用火点着了，光炭就烧了一个月。

盗墓者利令智昏，几近疯狂。如果出去盗墓，没有收获，回来时就会把铁锨反复抛向空中，砍断有线电视线路，以发泄心中的怨恨。

渐渐盗墓的中心地址集中到了礼县永兴乡的大堡子山上。

大堡子山位于西汉水北岸，像连绵的群山中独独伸出的龙头，挡住了通往礼县的去路。中华人民共和国成立后，为了通行便利，县上炸开岩石，在南侧修筑了一条盘山公路。

1987年以前，礼县大堡子山附近的农民在山上种庄稼、栽果树，延续着数千年以来的劳作方式，修梯田的时候，他们也偶尔挖出过青铜器，但没有人拿回家去，更谈不上贩卖。农民认为，那是死人用过的死铁烂铜，"拿回家坏人"，意思是拿到家里会给家人带来不祥，所以就主动卖给废品收购站，拿到三五块钱买些煤油、食盐，补给家用。

然而，这些30多年前的寻常景象，现在来说仿佛已是遥远的犹如另一个星球上的故事。

到了1992年和1993年，礼县的盗墓活动进入了最疯狂时期，大堡子山成了部分农民实现发财梦想的天堂。不法文物商贩趋之若鹜，住在距离礼县70千米以外的天水市，派出"马仔"打探消息，鼓动、引诱、收买当地农民不分昼夜挖掘墓葬，迅速形成了勘探、挖掘、收购、贩运一条龙的作业系统。

一些目不识丁的农民，在盗墓过程中迅速掌握了基本的文物知识，他们对文物的识别、断代、辨伪能力和职业文物工作者相比毫不逊色。

当地农民称，刚开始掏古墓的时候，古墓都是这样找到的，土色有混合土，有封土的分界线，生土和熟土的分界线找到了，根据这个就能掏进去。生土是白色的，熟土不白，是混合土，就往里面掏，看有没有分界线，如果再有一个分界线，这里面有第一道墓门，挖进去后，可能还有第二道墓门。有时一个墓里面有三四个墓室。

外来文物贩子雇用的"马仔"们拿着所谓"老板"给的钱东奔西走，从农民手上压价收购，加价后交给守株待兔的"老板"。

外地文物贩子看到这些几乎可以定为国宝级的文物，器型厚重高大、独特完整、纹饰精美、锈色一流，明知"马仔"从中加了钱，也一概收买，根本不在乎价格高低。他们清楚，到手的文物卖到广州等沿海口岸城市就会获取暴利，卖到国外的价格更是天文数字。

礼县秦风艺社社长李永强称，这些文物贩子为了不引起别人的注意，他们故意把钱的数字说得很小，通常把一万元称作一元，把一千元称作一角，把一百元称作一分。

疯狂盗掘古墓的野火，最终"包剿"了大堡子山。这座尘封的古代大墓，遭遇了一场千古浩劫。几乎一夜之间，大堡子山就变成了满目疮痍的狼藉之地。

目睹古墓被盗的惨状，当地一些有良知、有责任感的人士忧心如焚，开始了呼吁行动。

祁波，礼县人，靠着勤奋从县通讯员当上了《甘肃日报》社的记者。

祁波回忆道：1993年春，西汉水流域大堡子山一带，盗掘古墓的活动非常猖獗，我记得五月份有一天我到这一带进行采访，第一次上来我点了一下有6个洞，时隔不到一个月，我发现满山遍野千疮百孔，大约有64个洞，最多的一天这一带盗掘古墓的农民有2 400多人，波及全县18个乡镇，56个村。有一些来盗墓的群众带着铺盖卷，拿着锅碗瓢勺，晚上打着灯笼火把，有时候一家有五六口人参加盗墓。

1993年6月20日，《中国青年报》发表的《古墓悲歌》和《甘肃日报》发表的《盗墓贼西窜》《礼县盗墓狂潮为何愈演愈烈》等文章，引起了甘肃省领导和有关部门的高度关注。

此前，已经了解礼县盗墓活动的、曾任甘肃省副省长兼甘肃省文物管理委员会主任的陈绮玲，深感事态严重，立即赶往礼县。

陈绮玲称，上了大堡子山以后看到当时挖的到处都是坑坑洼洼，有很多没有点完的蜡烛，还有废弃的手电筒，到处都扔着，这说明那些盗墓者除了白天挖以外，晚上也在抢时间，挑灯夜战。据说当时的文物贩子是坐地收购，如果挖出来的是铜器、金器、玉器，文物贩子就收；如果是陶器，文物贩子不收，就当场砸碎了，非常可惜。

从盗墓现场回到礼县招待所，陈绮玲心情沉重，彻夜难眠。

回省城之前，陈琦玲又召集有关人员，在天水市召开了更大范围的专题会议。回到兰州，甘肃省委、省政府又召开了联席会议。

接二连三的省、市、县三级文物保护会议精神的贯彻，基本遏制住了礼县的盗墓活动，现存在礼县博物馆的部分文物就是那时截获并保护下来的。

二、考古工作者进驻大堡子山

1994年3月，料峭的春寒还未散尽，甘肃省文物考古研究所和礼县博物馆的工作人员就进入了大堡子山，对被盗掘的墓葬进行抢救性的清理发掘。

时任甘肃省文物考古研究所副所长的王辉称，现状是惨不忍睹，满山遍野都是巨大的坑洞。

现状如此，考古工作者在大堡子山被疯狂盗掘后的墓地上能有重大发现吗？能够揭示出一些鲜为人知的秘密吗？

礼县地处长江流域嘉陵江水系、西汉水上游，人类早期的文明活动在这里留下了清晰的痕迹。早在7000年前，仰韶文化在这里发展开来；4000年前，寺洼文化和仰韶文化在这里交融。高寺头遗址山上的仰韶文化半坡类型的红陶少女头像，是《中国美术史》中选用的经典。

在大堡子山脚流过的嘉陵江支流——西汉水是一条倒流河，从东向西把卤城、祁山等三国名城和大堡子山串联在河道北岸10千米长的距离内，在那一带行走就像走进了历史的长廊。然而，正是这条长廊所拥有的地下丰富的遗存，却使它遭到了2000多年不遇的最严重的破坏。

在将近8个月的时间里，甘肃省文物考古研究所考古人员和礼县博物馆清理了1座车马坑、2座大墓和9座小型墓葬。这是2座"瓦刀"型车马坑。西面的车马坑盗损严重，已无发掘价值，考古人员就发掘清理了东面的车马坑，也叫一号墓。这座车马坑全长36.5米，墓室长14.65米，宽12.95米，深5.4米。根据遗存残迹判断，原葬车马4排，每排3乘，总计葬车12辆，马48匹。两座大墓均坐西朝东，南北并列。北边一座为目字形大墓，全长115米，墓室呈斗状，有二层台，深16.5米，墓底中央有腰坑。南边一座为中字形大墓，标号为三号墓，全长88米，墓室也呈斗状，有二层台，深15.1米，墓底中央也有腰坑。

这次发掘，使考古队员倍感痛心。偌大的墓葬，早已被盗墓者洗劫一空，没有发现重要的器物，收获极小，只有坑底比比皆是的盗洞，给考古人员留下了伤心的记忆。

▲ 大堡子山中字形大墓墓室及西墓道

长115米，深16.5米的墓道，怎么会被盗得那么干净、彻底呢？

大堡子山盗墓的有上千人，卖啤酒的、凉面的，都上山搭帐篷。

由于盗墓者对大堡子山的盗掘是从墓地的东北和北部开始的，经过几年的盗掘，逐渐蔓延到墓地的中心区域，因此盗洞均按中、小型墓的规格挖的，5～7米挖一个，竖挖下去之后，盗墓者按照土色留下防止塌方的保安土柱，又横向挖掘，最终盗洞相互串通。当恰巧挖至置放随葬品的位置时，其他盗墓者便蜂拥而至将发现的随葬品劫掠干净。

尽管如此，让考古队员感到欣慰的是，这次发掘基本探明了大堡子山陵区墓葬的分布特点和墓葬的形制，有助于对陵区性质、规模的研究和判断。大墓残存的礼乐器物、车马、殉人、殉葬的牲畜等遗迹证明，大墓应属西周晚期至春秋早期。车马坑与两座大墓处于同一方向，坐西向东，合为一体，形成完整的陵园格局。只是墓葬主人的身份，却因大量文物的流失而无法考定。陵区的主人会是谁呢？

王辉解释，现在盗墓都是集团化的，有人负责收赃，有人负责销赃，有专门的渠道，在日本、法国等看到的那些中国古代的东西，都是非常精美的，无论从艺术价值还是历史价值来说都是无法估量的。

三、秦人第一陵区——西垂陵区

按照农民的说法，他们只是把文物就地卖给了天水人。然而，令人大为震惊的是，礼县大堡子山出土的国宝级文物在短时间内却出现在美国、法国、英国、德国、日本和我国的台湾、香港等地，其品位之高，数量之多，外流速度之快，均令国人瞠目结舌，痛心疾首。也正是有关专家、学者对一时间国外、国内出现的这批文物的高度关注和重视，才逐渐揭开了这个陵区的主人之谜。

1994年春，时任陕西省考古研究所所长的韩伟先生在法国的一家私人博物馆发现了出自甘肃省礼县的50余片秦人金箔饰片和2只金虎。金饰片镂压鹰、龙图形等，长52～57厘米，宽32～37厘米，与中国海关查获的20余片走私金箔如出一辙。

1994年夏，时任中国科学院历史研究所著名史学家李学勤先生在美国纽约发现了礼县大堡子山出土的一对秦公壶。这对青铜秦公壶通高42.3厘米，形制庄重，纹饰

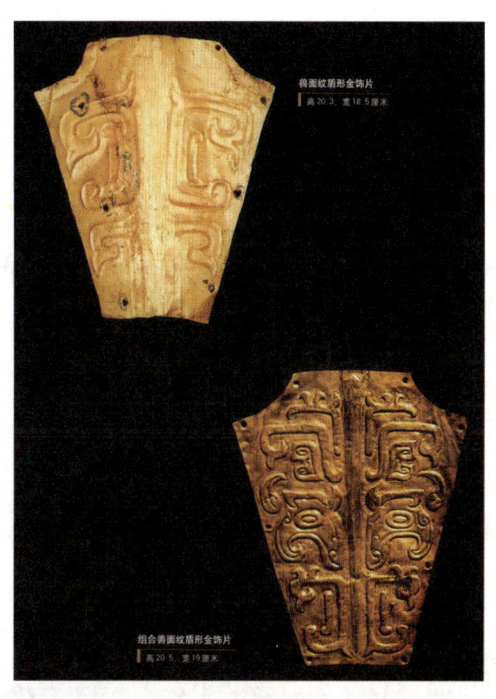

▲ 兽面纹盾形金饰片（左上）；组合兽面纹盾形金饰片（右下）

▲ 垂鳞纹秦公鼎

瑰丽，是秦人在春秋早期的盛酒礼器。

1995年春，礼县大堡子山出土的4只青铜列鼎和2件青铜簋在中国香港"露面"。随后上海博物馆出重金买了回来。4只鼎腹内壁皆铸有铭文，其中2只铜鼎的铭文为"秦公作铸用鼎"，另2只铜鼎的铭文为"秦公作宝用鼎"。

根据目前国内外所藏实物的信息资料显示，大堡子山所出器物，主要是数量可观、规格甚高的青铜器和各类金制品，还有数量相当多的玉器。

因为散落世界各地的礼县大堡子山出土的青铜器多有铭文"秦公"二字，专家、学者就初步断定，礼县大堡子山可能是秦人早期的一处园陵，后来的考古发掘和研究证明：它就是几个省一直在寻找的秦人第一陵区——西垂陵区。

先秦史学者祝中熹称，当时寻找的范围是在陕西关中一带，西垂陵区发现之后就把秦人最早的一处国君陵墓找到了，不仅在地域的分布上，而且在时间的顺序上都填补了一段空白。

礼县大堡子山的被盗大墓是秦人的第一陵区，其损失自然就可想而知了。

▲ 大堡子山出土的石磬和卷云纹瓦当

▲ 大堡子山中字形大墓出土的凤鸟纹

▲ 大堡子山秦公陵园近景

礼县博物馆已经去世的资深文博工作者吕自俭先生在回忆录中写下了这样一句义愤填膺的感叹："礼县大堡子山先秦陵墓的被盗抢是历史的耻辱与悲哀。"

就在我们拍摄时，一个当地的文化工作者对摄制组的工作人员说："你们录下的这些声音千万不要销毁，现在国际上收藏的礼县大堡子山出土的文物还有没有面世的，更多的恐怕还是重器。如果有一天出来了，和他们说的能对上，那就能证明那是礼县大堡子山墓葬出土的器物。"

这些目前公之于世的文物，可能只是礼县大堡子山陵区被盗掘文物的极小一部分，其他的文物至今下落不明。在礼县的农民中，不少人还记着他们见过的那些稀世之宝。

陕西省考古研究所原所长韩伟先生从法国带回的图录，是法国收藏家收藏的礼县大堡子山出土的金箔图录。依此作为参照，考古工作者认为很难断定还有多少礼县大堡子山的文物深藏在国内外的密室里。

陈绮玲感慨道："历时3年，我们从1993—1996年，把盗墓的狂潮基本上遏制住了。"

四、圆顶山的贵族墓葬

礼县大堡子山的盗墓活动平息几年之后，一些盗墓者受暴利的驱使，又将黑手伸向了大堡子山西垂陵园的另一处墓葬——圆顶山。

李永强称，盗墓比礼县开金矿还厉害，一般开金矿的人把钱投资进去，有时候连一小块金子都找不着，文物盗出一件倒卖出去就是几十万元。

圆顶山在礼县永兴乡赵坪村西北的南河岸，从西和县向北流来的漾水河，经圆顶山脚下西流而去，在不远的西北角与西汉水汇合。圆顶山上有赵坪村和西边的龙槐村土地。

和高耸独立的大堡子山相比，圆顶山地势平缓，河南岸广阔的二级台地上，散布着许多先秦的贵族墓葬。从方向上看去，仿佛已故的贵族依然隔河仰望着大堡子山陵区里的主人。他们生前无法预料的是，在沉睡了2000多年以后，盗墓贼疯狂的铁锨和镢头捣毁了他们的葬身之所，绞碎了他们在地下宁静的守望。

祝中熹称，那个地区非常重要，早在很多年之前就经常出土一些比较贵重的文物，它和大堡子山陵区隔水相望，它的时代比大堡子山陵区要晚，是一个贵族墓区。

在永兴乡龙槐村紧靠河川的地埂前，就是逶迤西去的漾水河。在长度不足70米的土崖上，至今仍能看到紧密相连的盗洞，足见那时盗墓的规模之大，参与的人数之多。

大堡子山秦公墓被盗掘的惨象历历在目，圆顶山贵族墓葬的保护迫在眉睫。有关方面认为，这些贵族墓葬拥有极大的考古价值，为了防止大堡子山墓葬的悲剧重演，必须进行抢救性发掘清理。

1998年2月23日至5月22日，甘肃省文物考古研究所和礼县博物馆完成了圆顶山部分墓葬的发掘清理工作，出土了大量精美的青铜器。

考古人员发现，圆顶山墓地范围广，跨时长，墓葬时代应为春秋早期，但也不排除春秋中期的可能性，具体年代要比大堡子山的西垂陵区时间晚得多。

祝中熹表示，现在大家都承认这里可能是春秋中期的秦国墓葬，好多墓葬被完整地保存下来了，墓葬里面的东西损失的只是很少的一部分，这就让我们对秦人在西周晚期至春秋早期的墓葬情况有了初步了解。

圆顶山墓地和出土的器物证明，秦人都邑东迁之后，仍有秦国公室贵族留居西垂，也就是现在的礼县，守护着桑梓故土上的先祖宗庙和公陵祖茔。

圆顶山的5座墓葬共出土青铜器300余件，还有玉器、石器、骨器、铁器、陶器、贝类等百余件。陶器有大喇叭口罐、鬲、壶、仿青铜鼎的陶鼎等。

这件礼县圆顶山贵族一号墓出土的秦人蟠虺纹车形器，是该墓区所出器物中最引人注目、研究价值最高的一件。全器通高8.8厘米，长11.1厘米，宽7.5厘米。盒为长方体，有盖，盖由中间纵向启缝的两扇合成。盒沿四角各饰一较大的立鸟，鸟足部可以360度的转动，当四只鸟方向旋转至同舆向一致时，厢盖可开启；如果鸟站立的方向同舆的方向错位，则厢盖即被锁住。构造设计十分巧妙。盖扇对接处，一侧为一蹲坐的熊纽，一侧为一跪坐的人形纽，人、熊相向，车厢体四棱上各有一只行虎，虎首向上昂扬，大耳巨嘴，和同地所出器物附饰的虎形风格相似。盒体下附带轴的4轮，每轮辐条8根，车毂突出，车轮至今仍可转动运行。盒身四侧及盖面，通体饰蟠虺纹。

车形器物的功用是什么？有的专家认为是缅怀先人的微型挽车，有的专家认为是贵族妇女的首饰盒。

王辉表示，四轮的比较少，这东西不多见，有些东西我们可能还没有看到。

圆顶山二号墓出土蟠虺纹扁圆腹盉，通高32厘米，宽35厘米。全器附饰各类动物共计32只，有圆雕，有浮雕，有镂空，大小不一，形态各异，生动活泼，配置协调，再衬以繁密细致的蟠虺纹，充分展现了春秋中期青铜器华丽瑰异的纹饰风格。

秦人贵族墓里的青铜器尚且如此精美，秦公大墓里的器物理应更加精致。然而，面对洗劫一空的大堡子山秦公大墓，我们只能沮丧地合理想象、推测墓葬里可能存有哪些不知去向的、宝贵的、震撼人心的各类器物。

2004年，甘肃省文物考古研究所、北京大学考古文博学院、国家博物馆考古部、陕西省考古研究所、西北大学考古文博学院5家单位组成联合课题组，启动早期秦文化考古调查、发掘与研究项目。2006年，联合课题组在甘肃礼县秦人西垂陵园——大堡子山遗址进行发掘。这次令国内外考古界高度关注的发掘,将会出土哪些国宝级的文物?破解历史上的哪些谜团?

五、大堡子山遗址的重点考古

1974年,秦始皇兵马俑在陕西出土,这座被誉为世界第八大奇迹的"地下军团"一面世就轰动了世界,同时也激发了人们对秦史研究的兴趣。众多历史学者、考古专家通过对历史文献和考古研究发现,秦人有四大陵园。到1987年,秦人四大陵园中的第二、第三、第四陵园,即雍城陵园、芷阳陵园和临潼秦始皇陵园在陕西省先后被发现,唯有秦人的第一陵园却一直难觅踪影。学术界出于秦史研究的需要,地方政府出于对旅游产业的开发,都在积极寻找秦人的第一陵园。然而,在长达近10年的寻访中,谁都没有找到。那么秦人的第一陵园究竟在哪里呢?

据《史记·秦本记》记载,秦人的祖先最初居住在"西犬丘",因牧马有功,且在与西戎的长期战争中不怕牺牲,最终胜利被西周王朝封地授侯,得以建立秦国。然而,《史记》后的个别重要史书却记载"犬丘"有两个,一个在今陕西省,一个在今甘肃省。因此,确定秦祖先最初居住的"西犬丘"的准确位置,就成为解开秦人第一陵园所在地的关键。

1919年,甘肃省礼县红河乡出土了一件后来被称作"秦公簋"的青铜器,这件现藏于中国国家博物馆的国宝,上有铭文105个字。几十年前,这件簋几经周折传至北京,著名学者王国维、郭沫若等人考证后撰文认定,这件簋是"秦公"簋,是秦肇始文明的最重要实物证据之一。王国维先生参照《水经·漾水注》的说法认为,秦的早期都邑西垂就是"汉陇西郡之西县"。西县,是汉朝的县治,也就是今天的礼县。另一些学者认为,秦人第一陵园是在陕西省宝鸡市的西山。这两种意见都因为没有实物证实只能成为推测秦人第一陵园所在地的参考理论。

让王国维、郭沫若等大师难以预料的是,20世纪90年代礼县大堡子山两座秦公大墓的被盗,却意外地给他们的推断做出了定论,他们的推断是正确的,西犬丘就在甘肃省礼县。礼县是秦人早期的一处重要都邑,是秦先祖、秦文化的真正发祥地,是千古一帝秦始皇的"老家",礼县大堡子山被盗秦公大墓就是秦人的第一陵区——西垂陵区。

2004年,甘肃省文物考古研究所、北京大学考古文博学院、国家博物馆考古部、陕西省考古研究所、西北大学考古文博学院5家单位,组成联合课题组启动早期秦文化考古调查发掘与研究项目,重点调查礼县西汉水上游地区,新发现数十处早期秦文化遗址。2006年联合课题组将工作重点转移到大堡子山遗址。

大堡子山位于礼县永坪乡和永兴乡交界处的西汉水北岸。大堡子山以东河谷平坦开阔,一马平川;以西则河谷狭窄蜿蜒,山势险峻。墓葬遗址大堡子山西面、南面石壁陡峭,不易攀登;东面较缓,北面与如海涛起伏的群山相连接。遗址总面积约5万平方米。

从地理位置看,大堡子山"两河夹一山"的独特地形完全符合先秦选择陵园的"风水"取向。

这位守护大堡子山秦公大墓考古发掘现场的农民说:"山下的一户人家看好了这块地方,埋葬了老人后家里不顺当,只得把坟墓迁往别处。"

"埋葬秦始皇先人的地方,一般的老百姓,能镇得住吗?"

足见现在的当地人,仍对秦帝国怀着深深的敬畏。

20世纪90年代,疯狂盗掘后被抢救性发掘的秦公大墓——遗址南北长107米,东西宽16.4米,建筑基址四周为夯土围墙,中间有18个大型柱础石,每一个的直径都接近1米。东墙、北墙以及南墙东半部只剩地基部分,宽2~3米。从地层堆积和夯土内的包含物判断,这个建筑规模宏大。大约始建于西周晚期,春秋初期战国时期被废弃,汉朝遭到严重破坏。由于现代平田整地,东墙地上部分完全被毁。专家认定,这个遗址应该是秦人的大型府库类建筑。

早期秦文化联合考古队又在被盗秦公大墓西边20余米处发掘出了一个祭

祀遗迹,发现的主要遗迹有人祭坑4个,灰坑6个,乐器坑1个。

人祭坑里有一具年龄约为35岁的女性尸骨和一具中年男性尸骨,还有童男、童女的尸骨。专家认为,这可能是在祭祀地神。

在这座为东西方向的长方形乐器坑内,南北两侧排列着乐器。南侧为铜钟镈与钟架,北侧为石磬与磬架。11件属于春秋早期的乐器中有3件铜镈和8件甬钟,在坑道里一字排开,一概外观完整,锈色深绿,花纹精美无比。

铜钟、铜镈由西向东、由大到小依次排列,在3件镈上发现3件铜虎,镈、钟上附有铜挂钩,置放在镈、钟之上或一侧。镈和甬钟的表面还有残留

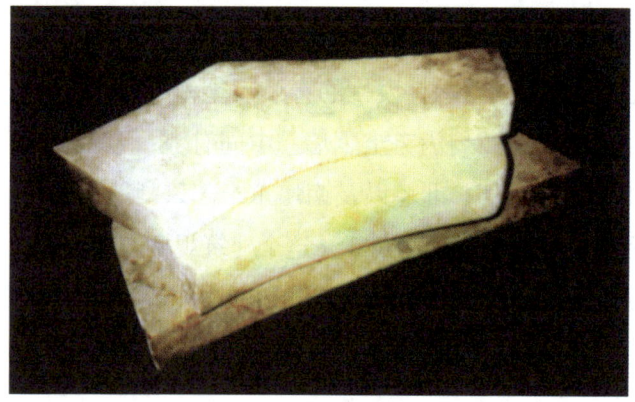

▲ 礼县大堡子山秦公墓全貌(左上);礼县秦公大墓出土的石磬(左下);礼县秦公大墓出土的铜编钟(右上);雍城秦公一号大墓(右下)

的布纹。在20世纪90年代礼县群体性的疯狂盗墓事件中，这些钟镈和石磬与盗墓者擦肩而过，侥幸保存下来，实乃不幸中的大幸。

在钟架的一侧，考古人员发现了一组石磬，共10件，也是按照由东向西、由大到小的方式排列，石磬的上方是磬架。这组石磬很有可能是直接悬挂在磬架上，它们保存非常完好，出土后仍然可以发出清脆悦耳的美妙声音。

时任西北师范大学音乐学院教授的朱东生称，从镈到钟，在这11件乐器当中，它们的音域宽到三个多八度。有三个多八度的音域，就可以演奏很多乐曲。古人对器乐是按宫、商、角、徵、羽五音编造的，按现在的话讲是哆、唻、咪、嗦、啦，用这五个音组成的，这五个音就可以演奏很好听的乐曲。

这些钟、镈和石磬再现了秦人的音乐，也向后世昭示了秦人宫廷乐队的宏大规模。

礼县大堡子山钟、镈和石磬的出土，轰动了甘肃省和邻近的省份，秦文化研究人员和新闻记者纷纷来到发掘现场观看，研究和报道这批稀世珍宝。

然而，这些国宝还不能够确定就是礼县大堡子山出土的最大最好的乐器。因为，流失世界各地已经面世的钟镈就可以证明，只是它们再也不能一齐团聚，重现早期秦人音乐的辉煌了。

六、一些珍贵文物流落到国外

乐器坑里出土的这些珍贵文物，只不过是礼县大堡子山秦公大墓殉葬坑里的一部分。联系到与祭祀坑相距不过20多米距离的两座秦公大墓，其中一座目字形大墓全长115米，一座中字形大墓全长88米，任谁都会认为一个殉葬的乐器坑尚且有如此精美的青铜器，那么，在那两座被盗掘一空的秦公大墓内的器物，又该是何等的精美？

陈琦玲回忆道："听到当时参与盗墓的农民说，挖出来的棺材是用金箔包的。"

秦公大墓的器物被盗掘、被倒卖、流散在国内的我们只能沮丧地承认现

▲ 金虎

实，没有流落到国外也算是一种最低级的幸运吧？毕竟它们被国家追缴收藏的可能性相对国外较大一些。

然而，礼县大堡子山上秦公大墓的文物到底有多少流散到了国内外，谁都说不上具体的数字。从当地一些自诩见过真东西的人的话语中，还可以得到一些信息，它们也能够帮助我们展开对那些流失文物的想象与怀念。

法国收藏家克里斯蒂安·戴迪先生收藏有礼县大堡子山出土的60余片秦人金箔饰片和2只金虎。1994年，为了在两年一度的巴黎古董展览会上配合他的展览，印刷了图册《秦族黄金》。在该书的序言里戴迪用流利的繁体中文写道："一个难得的天赐良机，让我获得了如此罕见的珍宝。"他说的珍宝中最珍贵的一定当是这对通长41厘米，高16厘米的金老虎。

法国人克里斯蒂安·戴迪是通过何种"天赐良机""获得了如此罕见的珍宝"，这个过程的背后肯定掩藏着一些不为人知的故事，但人人都知道是违法的故事。

有人传说，金虎一共出土了8对16只，那么另外的6对12只又流落谁家？现在哪里？

1993年12月21日，法国人克里斯蒂安·戴迪收藏的这批文物，在苏黎世联邦综合科技研究所做了碳-14分析，标本年代表明，秦人金箔饰片和2只金虎的铸造年代在公元前943—前791年，距今2810—2962年。

至于秦人黄金的来源，克里斯蒂安·戴迪分析，早在公元前八九世纪，秦人已经从中亚得到黄金。如果真的能够证明，那么就"可能会将中亚地区与中国之间的贸易往来的已知年代推早七八百年。"

应克里斯蒂安·戴迪先生的邀请，时任陕西省考古研究所所长的韩伟先生于1994年，参观了法国的"秦族黄金"展览。对于黄金的来源他推测可能来自"河西走廊和阿尔泰地区"。这也意味着秦人"大约在公元前八九世纪已与西域甚至西亚进行交通贸易了,这比汉武帝时期要早七八百年"。

如果这种结论能够得到实物和史料证实,那么早期秦人的外贸历史又得重写。

也有早期秦史学者认为,礼县自古就是秦陇和巴蜀的交通要道,不能排除黄金来自四川的因素。考古学研究证实,秦文化和巴蜀文化的交流由来已久,四川广汉三星堆遗址出土过大量的黄金制品,而且时代远远早于大堡子山的秦公大墓。

事实上礼县本地就产黄金,并且矿点多,品位高,现在就是甘肃省年产过万两的黄金大县。这对于秦人黄金的来源又该如何解释?秦人的黄金真是对外贸易换来的?或者出自礼县之外?到目前这还是一个没有答案的悬疑。

无论黄金来源于何处,秦人大量使用黄金装饰棺椁等器物的做法充分证明在秦始皇嬴政统一中国的600多年前,秦国的国力已经非常强盛。秦人用黄金装饰棺椁,在当时是一种僭越行为,有悖于周王朝的礼制。因此,有专家认为,春秋早期的秦人,对传统制度是极其蔑视的,也"正是这种反传统的民族性,使得秦人从甘陇一带一步步向东挺进,创造了从秦国到秦朝的辉煌发展史,对中国历史给予了深刻影响。"

法国人克里斯蒂安·戴迪收藏的秦人金饰片上,镂压着鹰、虎等动物,精美无比。而散出的兵器,也见证了秦人高超的冶炼技术。

▲ 鸷鸟形金饰片

七、西垂陵区的发现解开了许多历史之谜

秦人以养马起家,马匹和车仗是他们生活中必不可少的组成部分。考古

人员在清理大堡子山秦公大墓及其周围的墓葬时发现，这些墓葬都有车马坑，由此可见秦人对马的重视程度。

秦人的车马器做得何等精美、何等牢固、何等独特！

总括上述，强盛的国力、剽悍的种族、锐利的兵器和众多马匹战车，成了秦人由西往东攻伐扩张的保障。公元前221年，秦人的后裔嬴政，吞并齐、楚、燕、韩、赵、魏六国，建立了中国历史上的第一个统一的中央集权封建王朝。秦始皇称帝15年之后，这个帝国就被揭竿而起的农民大军所埋葬，随着短命的秦王朝的灭亡和这个帝国有关的许多历史真相也逐渐模糊。尤其是很少见诸历史文献记载的秦人在建国以前的历史，一直迷惑、困扰着学术界，秦西垂陵区的发现，为揭开这些问题提供了线索和实物依据，具有非常的意义。

司马迁的《史记·秦本记》记载："女修织，玄鸟陨卵，女修吞之，生子大业。"

西北师范大学文史学院教授、博导赵逵夫称，大业就是秦人的祖先，从大业开始，秦人进入父系氏族社会。玄鸟是什么呢？就是燕子。《毛诗》的毛传中说，春天的时候就来，那正是燕子，是候鸟。

秦人把自己和鸟卵联系在一起，就说明秦是原属于以鸟为图腾的氏族。

但是，也有人结合礼县大堡子山上秦西垂陵区出土的装饰棺椁的黄金鸱枭认为，秦人的性格既剽悍又是反传统的，不会把温顺、弱小的燕子作为他们的图腾，应该考虑秦人以鸱枭这种猛禽作为图腾才更加符合秦人的性格，这也为秦人在棺具上为什么装饰鸱枭找到更为合理的解释，至于木棒上的金皮老虎则只有施展合理想象的余地了。

早期秦文化联合考古队在礼县发掘了8处周秦文化遗址，它们与礼县众多的寺洼文化遗址明显分开但又紧密相连，由此形成了一个特殊景象。

祝中熹表示，从文献记载来看，秦人活动的时间正是犬戎族活动的时间，秦人活动的地域正

> **犬戎**：犬戎是古族名。中国古代的一个民族，即猃狁，也称西戎，活动于今陕、甘一带，猃、岐之间。

是犬戎族活动的地域，现在通过考古发现了他们的实物存在，形成了一种犬牙交错的情况，和秦人打交道最多的就是犬戎族，犬戎族被秦人征服之后，他们共融相处，共同开发了陇南地区。

> **寺洼文化：** 中国西北地区的青铜时期文化（约为公元前14—前11世纪）。主要分布在兰州以东的甘肃省境内，并扩及陕西省千水、泾水流域。代表陶器为马鞍形口罐。

寺洼文化主要分布于甘肃东部。考古学家认为，寺洼文化应该属于西戎文化遗存。秦早期文化联合考古队调查发现，西汉水上游除了周秦文化之外，其余都属于寺洼文化，数量有22处之多。寺洼文化陶器多见双马鞍口罐、带划纹的簋式豆、无耳高领罐、双耳罐、鬲等。参照其他地区的寺洼文化年代估计，西汉水上游寺洼文化的年代是从西周早期前后延续到春秋时期，基本与当地周秦文化遗存的时代是重合的。从出土实物分析，当时居住于西汉水上游地区的寺洼文化创造者，就是与"在西戎保西垂"的秦人经年战事不休，厮杀不止，发生过许许多多纠葛的"西戎"民族。

赵逵夫称，"西戎"实质上是对远古时候一直到秦汉时期西部少数民族的统称，在西部的少数民族在汉朝以前主要是羌族、氐族。

出现在礼县周秦时期墓葬中的秦文化与寺洼文化器物，肯定包涵着更多更深刻的内容和不为人知的秘密。因为有关西戎的研究目前还存在许多空白。

礼县地处长江中上游区域，古代是一片浅海湾，现在那些美丽的山峦就是古老的地理遗存。和礼县秦人西垂陵区发现紧密相关的一系列问题的出现，给历史学、考古学、人类学、地方史、地理学等专家学者提供了更宽泛的思考空间。为什么礼县出土的器物有的带着明显的巴蜀文化特色？

在古代，礼县"地扼蜀陇之咽喉，势控攻守之要冲"，也是黄河秦陇文化与长江巴蜀文化的交汇点。文物出版社出版的《秦西垂陵区》就记录了礼县出土的许多巴蜀文化的器物。

秦人第一陵园——西垂陵区和"西犬丘"两大千古之谜的解开，系统可

▲ 窃曲纹秦公鼎

靠地解释了秦人由东西迁,在西垂发祥、到雍城发展、于咸阳壮大、进而灭掉六国、一统天下的历程,填补了先秦文化研究的部分空白。对研究秦人早期的政治、经济、军事、文化、冶金、铸造、礼制、陵寝制度等方面有着不可估量的历史价值和学术价值。

可是,现存礼县出土的青铜器上,诸器大多自铭"秦公",诸如秦公鼎、秦公簋、秦公壶等,礼县秦西垂陵区到底埋葬着哪位秦公呢?

从目前看根据学术界研究的情况,多数学者倾向于可能是襄公或文公的墓。也有人认为,二号墓墓主可能是秦襄公,三号墓的墓主可能是襄公夫人。其论据主要是秦公大墓出土的青铜器有浓郁的西周晚期风格,与秦文公有着不应该忽视的时间差异。

"秦公"究竟是谁?学术界目前众说纷纭一时还不能确定。然而,早期秦文化联合考古队于2006年9月,在礼县大堡子山被盗掘的秦公大墓西侧祭祀遗址上发掘出来的三只镈,形制和纹饰相同,镈身布满龙纹图案,其中最大的一件高65.2厘米,通宽49.3厘米,镈鼓部铸有6行28字铭文:"秦子作宝龢钟,以其三镈,乃音锵锵灉灉,秦子畯谡命在位,眉寿万年无疆。"

这三件镈的主人显然就是这个"秦子",可是,这"秦子"又指的是谁?

目前,海内外已经发现了多件署名"秦子"的器物,其中的大部分出自礼县大堡子山被盗的秦公大墓。

那些有"秦子"的器物,学者们都认定属春秋早期,可是,笼统的一个"早期",时间跨度最少也有几十年,在君位更换比较频繁的情况下,"秦子"不可能只有一个。因此"秦公"没有确定,"秦子"又成为学术难题。这大约就是秦西垂陵区发现之后给学术界提出诸多问题的一个缩影吧?

事实上，秦西垂陵区出给学术界的所有难题，全部可以归结在一个核心问题上，那就是20世纪90年代发生在礼县的疯狂盗墓，在那次堪称千古遗恨的盗掘秦公大墓中，倒卖之外不知毁坏了多少被盗墓者认为不值钱的宝贵文物。陶器被砸了，石磬白白送给了外地的不法文物贩子，只有青铜器、金器、玉器他们才认为是文物，而金箔竟按克算重量，也给卖了。

2006年，秦早期文化联合考古队在礼县调查钻探面积150万平方米，发现城址1座，夯土建筑基址26处，中小墓葬400多座以及零散分布的文化层堆积等，足以证明礼县文物遗存的丰富，也说明礼县的地下还埋藏着一些历史的真相。

2008年11月，中国国家文物局主管的《文物》月刊，以二分之一还多的篇幅发布了礼县大堡子山秦公大墓及其周边墓葬的发掘简报。礼县大堡子山遗址考古项目在2006年入选"全国十大考古新发现"之后，2007年又获得了2006—2007年度国家文物局田野考古奖三等奖。

秦早期文化联合考古队在礼县大堡子山遗址发掘出土了一些国宝级的文物，破解了一部分历史之谜，同时也提出了更多的历史和现实问题。

著名历史学家、中国先秦史学会理事长李学勤先生在《甘肃考古文化丛书》总序中写道："中国历史文化早期的一系列核心疑问和谜团恐怕都不得不求解于甘肃。"

1996年，甘肃省人民政府将礼县大堡子山秦公墓地列为全省重点文物保护单位，并公布了大堡子山秦公墓地保护范围。

2001年7月，该墓地又被国务院正式列为全国第五批文物保护单位。

现在，被盗的车马坑和秦公大墓的二号墓、三号墓已经被回填了十几年，遗址上年年生长着青青的冬小麦。

想想这处祭祀坑东边甚至使用炸药回填的长115米和88米的两处秦公大墓、一处车马坑，到现在多少专家、学者、研究人员也确定不了到底是哪位"秦公""秦子"的墓葬，想想流失的那些不知数量的珍贵文物，我们对此深感难过与愤怒，难道只是因为失去了一处2000多年前秦人墓葬和墓葬里珍贵的国宝级文物吗？不仅仅是如此，被盗掘的是中华民族一段珍贵无比的历史，一段我们的骨肉血脉，它留给我们的是无法弥补的文化缺失和痛彻肺腑的千古遗恨。

20世纪末期在礼县发生的群体性疯狂盗掘大堡子山秦公大墓事件，是中华民族的一段伤心记忆，那些曾经参与过盗墓的人是可悲的，是历史的罪人。

公元前221年，秦王嬴政并吞六国，一统海内，成为中华大地上的第一位皇帝。他死后的第二年，属于他的巨大陵墓才最终完工。这年底，即位的皇帝胡亥杀掉了所有修陵的工匠。于是，关于始皇帝的陵墓，只剩下了传说。

沉默的辉煌

一、无意之中触及一个神秘的地下王国

关于秦始皇的陵墓，在《史记》中有很详细的记载。这个巨大的工程，动用70万工匠，历时38年，耗费国家税赋三分之一而建成。书中说，它是2000多年前，人类建筑能力的极限。

然而今天，这里既没有高耸的城垣，也不见巍峨的宫殿，只有一方土冢飘零于岁月时光之中。

难道说，秦始皇陵的秘密，那些近于天方夜谭的故事，只是子虚乌有的传说？

1974年3月，中国西北地区进入了持续的旱年，秦始皇陵东侧西杨村的村民不得不打井取水。20多年后，对于当年打井时的情形，村民杨志发

▲ 秦始皇

依然记忆犹新。

正是由于这次打井，才触及一个神秘的地下王国，如果当时打井的位置稍稍偏离，2000多年前的历史将依然混沌。

人们发现了一种从未参拜过的神像，造型奇特，似人非神，这种神像从来没有出现在中国的哪一座寺庙之中。从外形上看，与其说是神像，不如说是身披甲胄的战士。

然而，考古人员关心的是，这些距秦始皇陵1.5千米处发现的陶像会不会与传说中的秦始皇陵墓有某种关系呢？

不久后，考古队进驻西杨村，有谁能够想到，当时这个看似不起眼的考古工作在半年后震惊了全世界。

这就是发现了被称为"世界第八大奇迹"的秦始皇兵马俑，它们是以个体形象呈现的整体塑造艺术，这8000兵马造型各异，绝不雷同，是2000多年前世界塑造史上的巅峰之作。然而，秦始皇为什么要耗费巨大的人力塑造兵马俑呢？

中国自古以来讲究"视死如生"，认为人死后会有一个幽冥的世界，如果把死人生前的一切带到地下，他在阴世间的生活会与生前一样。

于是考古学家们推测，这些陶制兵马俑是秦始皇阴间的护卫者，始皇帝并没有采用活人活马的生祭，他的护卫军，是出于能工巧匠的制造。

考古研究表明，这些兵马俑的制造年代，大约在秦统一全国的公元前221年动工，至公元前209年结束，前后大约历时10年，需要几万工匠共同劳作。

《史记》中有明确记载，这个陵墓动用70万人力，耗时38年得以建成。难道说，这样庞大的工程，就只有孤零零的土冢与兵马俑吗？从秦陵的布局上来看，兵马俑坑只是秦陵东1.5千米的狭小地域，秦陵周边方圆数千米内还会不会有其他的埋藏呢？

1996年6月的一天，正是酷暑前难得的清爽天气。抱着半郊游的心情，北京大学考古专业的几名学生来到秦始皇陵实习，很随意的一铲下去，却似

▲ 秦始皇陵地下布局

▲ 秦始皇陵地下军阵

▲ 秦始皇陵远景

乎有了一些微小的变化。在这一铲的泥土中，隐约有一些红烧土与木炭灰的痕迹，学生们顿时兴奋起来。

红烧土与木炭灰是考古工作的指南针，它们是高规格陪葬坑的标志，难道说，这里地下是另一处兵马俑坑吗？

经过漫长的勘探工作，考古人员精心地挖开了一个153平方米的小坑，令他们大为不解的是，这个坑内并没有兵马俑，而是摆满了数以万计的石质盔甲，这是什么样的墓葬坑？坑内为什么只有石甲衣而没有人呢？

从坍塌的坑边看，这些石甲衣与兵马俑的排列方式一样，都是每四件一排，样式也与兵马俑相同。这是十分有趣的发现，难道说，这些甲衣是为埋在不远处的秦俑做的吗？但是，秦俑是死物，它们怎么能自己穿上甲衣呢？

这个考古发现迅速传遍了全国，于是，人们又一次把目光聚焦在秦始皇的身上。

二、秦王好道

人世间欲望的巅峰，无非是做一位显赫的帝王。然而，无论是帝王还是平民，都无法逃脱死亡的命运。

徐芾：也称徐福，秦朝著名方士。他是鬼谷子先生的关门弟子，学习辟谷、气功、修仙，兼通武术，通晓医学、天文、航海等知识。秦始皇派遣他率领童男童女数千人，并预备了足够三年的粮食、衣履、药品和耕具，乘坐蜃楼入海求仙。但徐芾并未找到神山，后来他在"平原广泽"停下来自立为王，教当地人农耕、捕鱼、捕鲸和沥纸的方法，此后再也没有返回中国。

始皇帝要万年长生，在首都咸阳，是众人皆知的秘密。他派遣一位方术之士徐芾，带领500个童男童女出海寻访长生不死之术，这一去再也没有回来。是旅程艰险还是徐芾畏罪潜逃，后人已不可而知。

但是，秦始皇却要为自己注定的死亡去做其他准备了。如果不能求得今世长生，那就只有经营来世轮回。

《史记》中记载的巨大陵墓就是嬴政经营来世的最好证明。可是，人们已知的发现会不会只是陵墓的一部分呢？石甲衣又有什么用途呢？

首先，考古人员希望找到石甲衣的制作方法。

现代的切割手段最小可以将石片切至0.5厘米，可是，甲衣上的石片大多只有0.3厘米的厚度。可见，古人不可能对石甲衣进行大批量的机械加工，要

▲ 零落的石铠甲坑局部

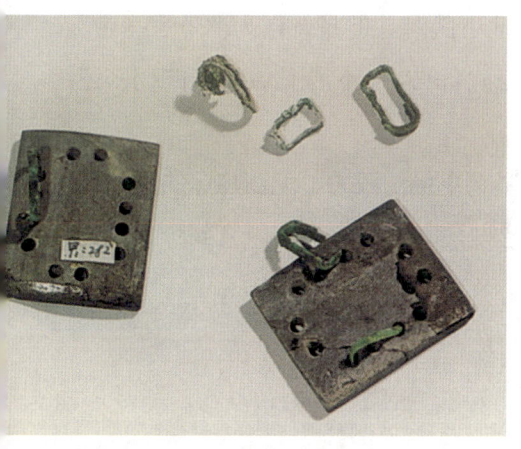

▲ 石铠甲甲片每一个石铠甲上有若干个孔，
用铜条把甲片串起来成为石铠甲

▲ 修复后的石铠甲和石头盔（石胄）

想做出石甲衣，只能一片片用手工磨制。

解决了甲片的制作，考古人员还有一关，古人是如何在甲片上打孔的呢？这种石灰石材质极脆，在打孔中十分容易碎裂。只有不断地浇水，才能保证顺利工作。三名考古人员整整用了三个月的时间才完成了一件600片石甲衣的制作。于是，人们计算，如果这1万多平方米的陪葬坑内全部为石铠甲，那么至少需要3600人做上整整一年。

可是，秦始皇为什么要耗费如此大的人力与物力去制造没有实战用途的石甲衣呢？结论只有一个，这些石甲衣与兵马俑一样，只是秦始皇陵墓的冥器。

有专家推断，兵马俑是始皇帝的地下军团，而石甲坑正是这个军团的武备库。用8000陶兵陶马做护卫，以上万件石甲衣为武备，自人类抒写文明史以来，再没有哪一位帝王能有如此大的手笔，在地下埋藏这样一支绝无仅有的陪葬军队。

然而，秦始皇的真正用意是什么呢？考古学家认为，这8000兵马面向东方，随时准备出击。如果西方六国的君主在阴间反抗秦国，这些军队，将用来与叛军进行决战。

秦始皇的真正用意是，可以在死后一统冥界，在阴世间做千秋万世的皇帝。

武士与石甲衣，构成了秦始皇陵的地下武装。但是，作为"千古一帝"的始皇帝，他的地下陵墓，就只有军队与武备吗？人们深信，秦陵的秘密还远不止此。

2000多年前，秦人开疆拓土，以其坚韧卓绝的毅力、坦荡豁达的胸襟缔造了统一强大的帝国。而后，他们赋予这些陪葬物以生命力。直到今天，仍以呼之欲出的气势，震惊着整个世界。

三、最伟大的帝国

公元前221年，秦始皇统一中国，一个万象更新的时代随即开始。始皇帝下令北筑长城，派大将蒙恬引兵 30 万与匈奴决战，令匈奴弯弓之士退避三舍；南修灵渠，深入蛮荒百越之地，国土也随之延伸至大海，一个纪元前最伟大强盛的帝国终于建成。

但是，他死后的短短几年，由于再没有人有此魄力与勇气继承他的伟业，致使帝国转瞬而逝。

2000 多年后，唯有西安市旁边巨大的秦始皇陵依旧承载着历史的传奇。然而，这陵墓中的传奇又是什么样的呢？

史书中说，公元前 2 世纪，秦国首都咸阳是"挥汗如雨，吐气成云"的超级巨城。在这座巨城边的骊山脚下，驻有 70 万工匠，他们在为秦帝国的第一位皇帝修建史无前例的巨大陵墓。关于这个工程，有许多耸人听闻的记载。丞相李斯的奏表说，陵墓挖掘的太深，遇到了坚硬如铁的地层，再也无法掘入。负责记录历史的官员更在修陵的 38 年时间里，观测到数十次日月星辰的异象。

这些记载更加激发了人们的好奇心，秦始皇的巨大陵墓到底是什么样子呢？

兵马俑坑与石甲坑的发现引发了人们对秦始皇陵的重新认识。但是，秦始皇的地下陪葬品难道只有与军队有关的兵马俑与武备库吗？

对于这位一统天下的始皇帝，人们的期待绝不止此。

四、12 个陶俑坑

2000 年 6 月，有一座特殊的陪葬坑被发掘，对秦陵的研究再一次成为世人关注的焦点。这座地坑的墓道内摆满了陪葬战马的尸骨，主室是与实物等比例大小的房间，除了宽敞的大厅外，一侧还备有厢房。考古人员对这些出土的陶俑进行了精心的修复，令他们大为不解的是，出土的 12 个陶俑没有一位是身穿铠甲的战士，他们头戴长官，衣袖翩翩，双手都笼在袖中，腰带下似乎还挂有一些小器件。这些小物件是做什么用的，这个陶俑的穿着为什么与兵马俑相差的如此悬殊呢？

难道说没有铠甲就一定是文官吗？他们会不会是秦始皇的仆从呢？

他们是秦陵第一次出土的文官陶俑，这对秦始皇陵的研究意义重大。要想了解这12个陶俑的含义，首先需要知道他们做的是什么样的官？

答案就在坑底，这些铜钺引起了考古人员的注意，钺在秦朝是一种法制和强权的象征，在当时，持钺者应该掌司法。

经过修复，其中两个陶俑恰好露出持钺的架势。原来，这里是秦始皇的司法机关，十二陶俑是各司其职的司法官员。

秦始皇以法制代替人制，秦朝的刑罚之重堪称各朝之首。在湖北省云梦县发现的秦朝竹简中记录到，如果士兵不能按时归还政府的借贷，论律当斩。推行严厉的法律，是秦始皇治国的根本重策。始皇帝把这个依为左右手的政府部门带入地下，当然是要在阴间继续推行他以法治国的理念。

> **钺**：古代武器及礼器的一种，形状为长柄斧头，重量比斧大。早在新石器时代良渚文化遗址中，就发现了玉制的钺。商朝时出现了用青铜铸造的钺。钺作为礼器，西周晚期以后逐渐消失，但作为兵器，唐宋时期仍是主要的步兵武器。宋以后，钺才退出战争兵器序列。

随着考古工作的不断深入，2000年来静寂安详的秦陵犹如显影的照片，逐渐还原着历史的颜色。十二陶俑坑会不会是最后一个秦陵的陪葬坑呢？

近年来的不断发现一次次震撼着考古人员的心灵。内城之中出土的铜车马为帝王出巡所用，百戏俑如同娱乐场，内外城之间的珍禽异兽坑就好比宫廷苑囿，而远离宫城的兵马俑正是保卫京都的禁卫军。

秦始皇在地下建筑的原本就不仅仅是一个陵墓，而是大秦帝国的地下缩影。考古人员认为，如今已经挖掘的陪葬坑只是秦陵的一部分，估计出土的秦陵文物还不足地下埋藏的十分之一。

1974年，当人们第一次发现兵马俑时，有谁能够想到，秦陵考古会成为未来几个世纪里最为重要的考古课题！

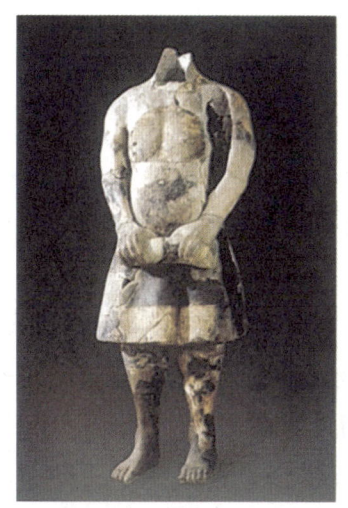

▲ 百戏俑坑出土的青铜大鼎（左图）；
百戏俑（a）（右图）

▲ 百戏俑(b)　　　　　　▲ 百戏俑的出土现场

▲ 规模庞大的地下王国

五、地下都市

然而，关于这座陵墓的故事却远没有结束，《史记》中还有这样的记载：始皇帝在这座巨大的陵墓之上建立了一座城池，它有高达十数丈的围城，可供万人上朝所用的宫殿。这座城池远接咸阳城，近靠阿房宫，原本是规模罕见的地面建筑群。

但是，这座传说中的宏伟建筑却因战火的绵延而未能最终保存。关于秦陵的浩劫流传着这样的传说，项羽引兵入关中后，曾一把大火烧毁了阿房宫与秦陵。中国似乎有这样的传统，当新兴的统治者取代旧的统治者时，总是喜欢用火把过去的一切烧得干干净净，然后再劳民伤财去修建比以前更宏伟的建筑。于是中国的诗中也记录了这样一句话："兴，百姓苦，亡，百姓苦。"

传说这时，项羽挖掘了秦始皇的陵墓，搬运财物的拖车整整用了三个月的时间才走出咸阳。

这些传说是否是真实的呢？秦陵的地宫真的被盗掘过吗？

史记中记载，秦陵地宫中储藏有大量的水银，考古队员在陵冢周围进行了仔细的勘察，发现地宫内的汞含量高于地表上百倍。如果陵墓被盗，那么水银早就应该挥发得一干二净。如此看来，地宫历经2000年的时间仍然完好未损。

令人充满好奇的是，秦始皇的地宫到底是什么样子呢？民间存在着许多的传说，流传最广的说法是，秦陵的地宫内有水银所制的五湖四海，秦始皇躺在纯金打造的棺材里，游荡在水银制成的江河上，巡视着帝国的领地。当然，在真相不为人知之前，这些仍然只是传说。

秦始皇是中国历史上第一位拥有如此巨大陵墓的皇帝，大概他没有想到，这个阴间帝国却透过2000年的时空把无数普通人推到了后人的眼前。那是建造陵墓的工匠和普通的士兵，是他们成就了秦始皇的霸业和他在阴间的梦想。不同的是，他们中间没有任何人留下自己的名字。

法家： 先秦诸子中对法律最为重视的一派。他们以主张"以法治国"，并提出了一整套的理论和方法，为后来建立的中央集权的秦朝提供了有效的理论依据，这就是我国古代封建社会的政治与法制主体。

在出土的竹简中记述了一些秦军士兵的家书，相貌各异的兵马俑就是这些士兵的替身。

甲："母亲，如果家乡的布很贵的话，请寄一些钱给我，我可以在驻地买一些布自己缝制过冬的棉衣。"

乙："今天是我国灭掉楚国的时刻，秦王下令，全国的人都可以痛饮美酒。"

丙："我每天都在小心翼翼地工作，如果在兵器上涂错了漆，我会受到长官严厉的惩罚。"

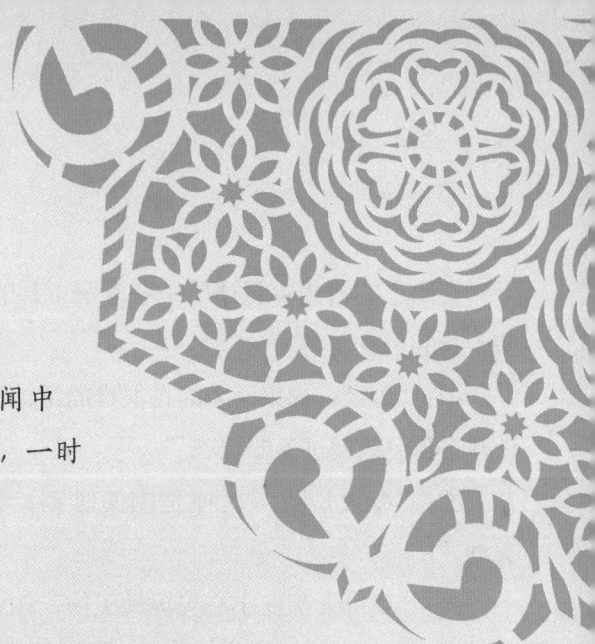

2009年12月27日,电视新闻中发现曹操墓的消息令人为之一振,一时间成了大家热议的话题。

发现曹操墓

一、发现东汉大墓

曹操墓的发现,还要从2006年春节说起。

2006年除夕,正当人们忙着包饺子、放鞭炮的时候,安阳县安丰乡西高穴村的村民突然听到一个不同寻常的声音,除夕之夜竟然响起了炮声。

春节过后,西高穴村村民徐焕朝在浇地时又发现了一件奇怪的事。

原本半天就能浇完的地,用了两天时间还没浇完。浇地的水流到一处后,就不往前流了,水都流到哪里去了呢?

徐焕朝来到大田深处,发现地上赫然出现了一个直径1米左右的大洞,而且洞口有翻动过的新土。徐焕朝马上联想到除夕夜里那一声令大地颤抖的闷响。他意识到这可能是盗墓者用炸药炸开的盗洞。感觉事情非同小可,他立即向乡政府汇报。

乡党委书记贾振林马上随徐焕朝来到地里查看。

随后,他安排村里人把洞先填了起来。

然而,他隔二三天去查看时,却发现,封填得很严实的盗洞又被打开了。

为保护好地下可能存在的古墓,贾振林安排巡防队夜里到这边巡视。然而，这并没有震慑住盗墓分子。

这个地方很偏僻，保护难度相当大。

贾振林对盗墓贼一而再，再而三地"光顾"感到十分恼火。他想找个好办法，彻底解决这件事。

他突然想到他的好朋友，河南省考古所派到安丰乡进行考古发掘工作的考古队队长潘伟斌，他正在南水北调工地工作，应该请他来鉴定一下这个墓。如果有价值，就要加大力度保护；如果没有价值，这块地就由乡里统一安排规划，以后也不用再投入人力看守了。

见到潘伟斌，贾振林向他讲述了整个经过，潘伟斌决定亲自去看看。

来到盗洞前，潘伟斌出于安全考虑，没有马上下洞察看。他让贾振林把洞口打开通风，准备过两天再一探究竟。

贾振林马上安排人把洞口打开通风，并派人日夜把守。

几天后，潘伟斌拿着手电筒顺着绳子下洞察看。

他借手电筒的光亮，仔细地打量着洞的四周，发现自己置身于一座大墓之中。

潘伟斌说，我发现这是一个非常高的大墓，墓砖非常大，墓的结构非常复杂。

按捺住激动的心情，潘伟斌借着手电筒微弱的光线，观察墓室。发现左边有一个门，绝大部分淤土淤到了门洞里。淤土和拱形门洞之间还留有 1 米多的空隙。前边有个更大的门，里面黑洞洞的，看上去更加深远。他几乎是爬着穿过那个长长的门洞。

潘伟斌说，穿过这个门豁然开朗，出现了一个大厅。大厅左右各有一个圆圈门，往前还有一个大点的门。我明白了，这个墓是两个主室，每个主室左右各有一个室，考古界一般把小的叫耳室，大的叫侧室。

不知贾振林叫了多少声，潘伟斌才意识到自己已经在墓室里待了很久了。

潘伟斌从盗洞口出来后，贾振林忙问，这个墓有没有价值？潘伟斌说，估计是东汉王侯一级的墓。

听说可能是王侯一级的大墓，贾振林脑子里突然闪过一个念头：这个墓会不会就是传说中的曹操墓？

贾振林为什么会有这样的想法呢？

原来，贾振林刚到安丰乡担任乡党委书记时，就听说1998年西高穴村村民徐玉超在烧砖取土时发现了一块指示着曹操墓位置的鲁潜墓志，并显示曹操墓很有可能就在这一带。贾振林还特地托人弄来了一张鲁潜墓志的拓片，有时间就拿出来仔细地研究。

鲁潜墓志刻在一块长20.7厘米，宽31.5厘米的青石上。从上面的文字中得知墓主人名叫鲁潜，是渤海赵安县人，曾经官任后赵太仆卿驸马都尉。赵建武十一年，即345年9月21日去世，终年75岁，同年十一月初七入葬。墓志中的"赵"指的是历史上的"后赵"，是古代少数民族羯族建立起来的政权。根据后赵的官制，鲁潜为正三品，应系朝廷重臣。

这块墓志中最吸引人的是这段文字："墓在高决桥陌西行一千四百二十步，南下去陌一百七十步，故魏武帝陵西北角西行四十三步，北回至墓明堂二百五十步。"这段文字中提到的"魏武帝"，指的不是别人，正是东汉末年的曹操。

其实，历史上对曹操墓的位置早有记载。

曹操生前就曾留有《终令》和《遗令》，对自己陵墓的选址和墓葬要求交代得非常详细。

建安二十三年，即218年6月，曹操在《终令》中这样讲道："古之葬者，必居瘠薄之地，其规西门豹祠西原上为寿陵。因高为基，不封不树。"

就在曹操立下《终令》一年半后，建安二十五年正月，曹操病逝洛阳。临终前留下《遗令》："吾死之后，……敛以时服，葬于邺之西冈上，与西门豹祠相近，无藏金玉珍宝。"除此之外，曹操还嘱咐家眷："汝等时时登铜雀台，望吾西陵墓田。"也就是说曹操的高陵应该在铜雀台的西边。

然而，今天我们已经找不到铜雀台的踪迹了，附近的西门豹祠遗址，是不是就是曹操《终令》和《遗令》中提到的那个位置，专家们也不能确定。

不过，有人神秘地透露了一个消息：在距西门豹祠遗址十几米远的地方，发现地下埋有古代的石狮子。有人大胆推断，石狮子的位置应该就是古代西门豹祠的大门所在位置。不过，这个推断是否成立，还有待进一步考察认定。

> **铜雀台：**相传曹操消灭袁氏兄弟后，夜宿邺城，半夜见到金光由地而起，第二天掘得铜雀一只，荀攸称这是吉祥之兆。曹操大喜，因此建铜雀台于漳水之上，以彰显其平定四海之功。雀台与建安文学有着不解之缘。东汉末年，北方一大批文学家，如曹操、曹丕、曹植等，聚集在铜雀台，用笔抒发渴望建功立业的雄心壮志，掀起了我国诗歌史上文人创作的第一个高潮。

《三国志·魏书·武帝纪》中记载："建安二十五年正月庚子，王崩于洛阳，二月丁卯葬高陵。"晋朝陆机的《吊魏武帝文·遗令》也提到曹操"葬于邺之西岗上，与西门豹祠相似。"《通鉴·魏记》中记载："高陵在邺城西。"

唐朝《元和郡县志》中记载："魏武帝西陵在县西三十里。"在元朝纳新的《河朔访古记》、明朝崔铣的《邺乘》中也可见魏武帝陵在古邺县"西南三十里"的记载。

人们发现，在这些记载中，只有西高穴村村民徐玉超无意中挖到的鲁潜墓志是迄今为止对曹操高陵位置最为翔实、准确的记录。

龙振山是紧挨着西高穴村的渔阳村村民，是个在考古和史学方面颇有建树的农民，被当地人尊称为"土博士"。2003年，龙振山根据手头现有的资料和他多年对该地区的考察研究，撰写了一篇题为《鲁潜墓志及其相关问题》的简报，刊登在《华夏考古》杂志上，引起了人们的广泛关注。

贾振林曾饶有兴致地找到龙振山老人，请教一些与鲁潜墓志有关的事情，并且多次和龙振山老人按照鲁潜墓志上所指示步行路线寻找传说中的"魏武帝陵"。

但历经千年后地形已经发生了很大改变，而且鲁潜墓志出土的地方因多年烧砖取土，已变成一个巨型土坑。贾振林和龙振山根本不可能严格地按照墓志上所指示的方位前进。所以，寻找曹操墓的线索就此中断了。

当贾振林听到潘伟斌说西高穴这座大墓可能是东汉时期王侯一级的大墓时，他马上就想到了曹操墓。

查看了西高穴被盗大墓后，虽然正在南水北调工地进行考古发掘，但潘伟斌多次到鲁潜墓志的出土地点勘查，并写了一份《关于安阳县西高穴被盗汉墓的调查报告》，提交给河南省文物局。报告中，他请省文物局督促当地政府加强文物保护工作，以免西高穴大墓再次被盗。同时建议省文物局尽快对该墓进行抢救性挖掘。潘伟斌还写了一篇题为《曹操高陵今何在》的论文，刊登在台北故宫文物月刊上。文章中潘伟斌明确指出"西高穴村大墓极有可能就是曹操墓，或是曹操高陵陪葬墓中的一座。"

贾振林也在积极行动，对西高穴大墓加大巡查与保护力度。然而，眼看盗墓活动屡禁不止，贾振林十分着急，他请潘伟斌赶快抢救墓里的文物。

潘伟斌耐心地向他解释说，发掘是一个非常严肃、科学的过程。要科学地发掘，必须对整个墓葬进行了解，按正常程序上报。发掘不能从盗洞进去，要进行研究，找到最合理的发掘方案。

其实，作为一位考古工作者，潘伟斌比贾振林还着急。为了争取时间，2008年6月，潘伟斌找到安阳县徐慧前县长商议发掘资金的事，并代笔以安阳县的名义向省文物局提交了要求对西高穴村被盗汉墓进行抢救性挖掘的请示。

结果令潘伟斌十分失望。河南省文物局对西高穴被盗汉墓做出了暂不同意挖掘的批示。

《中华人民共和国文物保护法》第一章第四条规定："文物工作贯彻保护为主、抢救第一、合理利用、加强管理的方针"，被业内称为"十六字方针"。这其中，最重要的就是"保护为主"，因此文物管理部门掌握的标准就是：帝王陵墓原则上不得发掘。

然而，2008年9月的一次突发事件，彻底改变了一切。

原来，安丰乡派出所破获了一起盗墓案件。根据盗墓者交代，他们曾经盗掘过西高穴村大墓，并向派出所交出了被盗文物——一块雕刻精美的画像石。派出所民警不知道画像石的文物等级，无法给盗墓者定罪，他们请求河南省文物局派专家予以鉴定。因此，由河南省文物局执法督察处李陪军和省考古所副研究员潘伟斌等组成的4人专家组立即赶赴西高穴村。

潘伟斌再次深入墓中进行仔细勘查,并和专家们对画像石做了鉴定,最终达成一致意见。认为西高穴大墓为东汉晚期王侯一级的墓葬。画像石为该墓出土,属国家二级文物。

河南省文物局领导听取了专家组意见后,马上做出同意立即对西高穴村东汉大墓进行抢救性发掘的决定,并立刻向国家文物局提交了发掘申请。

2008年12月,国家文物局正式批准对西高穴东汉大墓进行抢救性挖掘的申请。河南省考古所委派潘伟斌带队,组织挖掘西高穴东汉大墓。

▲ 曹操墓挖掘现场(a)

▲ 曹操墓挖掘现场(b)

二、挖掘东汉大墓

2008年12月12日，对西高穴村东汉大墓的抢救性发掘拉开序幕。

发掘前，考古队用洛阳铲对墓道和墓室的结构进行了详细勘探，基本掌握了墓的大体结构。大墓深达15米，墓道长度40米，宽约10米。

大墓只有一个墓道，这是东汉典型的墓葬形式。这种形式和洞室墓的出现有着密切的关系。洞室墓是用砖砌起来，和以前的墓葬最大的区别是把棺椁放进去，它有空间，有壁画。

西汉时，由于棺椁直接埋入土中，下葬时一般从东南西北四面开四个墓道。而东汉的洞室墓，棺椁是放在一个较为宽阔的空间里，墓室只设一个墓门，墓道也变成了一个。

对于这座大墓的发掘，曾有两种设想：一种是把顶揭掉，从上面一目了然地展示墓室内部空间；另一种是挖开墓道，从墓门进入墓室。

潘伟斌说，我们制定的方案是从墓道发掘，尽量把墓室完整地保护起来，把实物留下来。

古代人在对墓道进行施工时必须一层一层地把土夯实。

潘伟斌说，因为里面的土都夯过了，而且土里面夹杂着料僵石，填土发白，夯筑得非常结实。

从墓道上方，可以清晰地看见古人的夯土剖面。每层夯土的厚度都只有五六厘米，均匀、细密，从墓道最底部一层层夯打至地面。

墓道竣工后回填到墓道里的土就不同了，颜色和疏松程度都有很大区别。

几个月的发掘，西高穴大墓渐渐显露出来：大墓坐西向东，墓道呈斜坡状，墓道两壁呈阶梯状逐级内收。这是魏晋皇室墓的典型特征。

这种形制的墓道在西晋上层社会非常流行，东汉时期则很少出现。神秘的墓主人到底是谁呢？

显然，这座大墓在夯筑时调用了大量的人力、物力，体现了墓主人不同寻常的地位。

随着考古发掘工作的推进,预计的发掘周期以及工作量,都大大超过了最初的估算。如果雨季来临,同时发掘的编号为二号墓的西高穴大墓,与紧邻的编号为一号墓的两座墓葬,都需要大棚进行保护。

两座耗资数百万元的钢结构大棚建起,既保证了大墓的安全,又使得发掘进度不会受到雨季影响。

一天,考古队员信应超在清理墓道底部时,发现了一个碗口大的小洞。随着挖掘,小洞越来越大。当洞口快钻进一个人时,洞突然陷落。等尘埃落定,大墓的墓门赫然出现在考古队员眼前。

令人遗憾的是,墓门已被盗墓者打开了。原本由3层汉砖垒砌而成,总厚度达1.2米的墓门,现在仅剩不到1米高的残垣。让考古队员更加失望的是里面的陶器、残砖、石块被砸得乱七八糟,矿泉水瓶子扔得到处都是。

墓室里的淤土已经达到2～3米。从大墓中清理出来的土在现场粗筛后,被统一运到专门的地点妥善保管,留作以后再次筛检,以免漏掉墓室中任何一件细小的物品。

发掘工作终于在将近一年后发生了巨大转折。

2009年11月8日,考古队员信应超和尚金山在清理墓室淤土时,发掘出了一个小石牌。

用水冲洗后,石牌上的字迹逐渐显现,"魏武王常所用格虎"几个字清晰可见。

历史上被封为"魏武王"的有三个人。但是这次发掘出的石牌上镌刻的"魏武王"指的不是别人,正是东汉末年的曹操。为什么这么肯定呢?

中国社科院考古研究所原所长刘庆柱说,谥号是给死人的称号。曹操活着的时候称魏王,死后根据他武功大于文治,所以有了魏武王的谥号。

或许有人会问,鲁潜墓志里"魏武帝"的

谥号: 中国古代君主、诸侯、大臣、后妃等具有一定地位的人死去之后,根据他们的生平事迹与品德修养,评定褒贬,而给予一个寓含善意评价、带有评判性质的称号,称为谥号。谥号制度形成于西周早期,即《逸周书·谥法解》中提到的周公制谥。

字样，经专家确认指的就是曹操，为什么石牌上所刻的"魏武王"也是曹操呢？难道历史上对曹操有两种称呼吗？

刘庆柱说，谥号仅仅是从曹操去世后，到曹丕称帝前使用；曹丕当了皇帝，他的父亲就不能称呼王了。

原来，曹操死后8个月，曹丕称帝。他把父亲曹操追封为"魏武帝"。所以，这之后对曹操的称呼都改为"魏武帝"了。而"魏武王"则是曹操去世后，曹丕称帝前这段时间的专有称呼。这个墓因为是在曹丕登基前修建，所以里面石牌上刻有"魏武王"字样，是符合历史事实和文献记载的。而鲁潜的墓晚于曹操墓200多年，所以称曹操墓为"魏武帝陵"是正确的。

找到了证明西高穴东汉大墓是曹操高陵的有力证据，考古队顿时沸腾起来。

由于发掘到了"魏武王常所用格虎大戟"的石牌，潘伟斌立即把前些日子找到的类似的石牌全部用水清洗了一遍，结果令人十分欣喜。几个碎成两半的石牌经过拼对，有几个竟然成功地拼到了一起，上面镌刻着"魏武王常所用格虎短矛"或"魏武王常所用格虎大戟"等文字。对于考古队来说，这些石牌太重要了，这是对这个东汉大墓主人身份判定的最有力、最直接的证据。

在接下来的发掘中，考古队员陆续清理出不少文物。大部分文物虽然算不得贵重精美，但是这些文物的出现足以证明墓主人就是东汉时期的曹操。

到2009年12月底，历时一年多的西高穴村东汉大墓墓道与墓室及相关文物的清理工作终于结束了。

这是一座"甲"字形大墓，特制大型青砖砌成。由墓道、墓门、前后主墓室、甬道和4个侧室组成。墓道长近40米，宽

▲ 这是曹操墓出土的两块刻有"魏武王"铭文的石牌

近 10 米，最深处达 15 米，呈斜坡状，两壁逐级内收。圆券形墓门，高达 3 米多。前后主墓室平面呈方形，四角攒尖顶。4 个侧室除了前室北侧室是四角攒尖顶外，其余 3 个均为圆券形墓顶。

墓室内青石铺地，前墓室顶高 6.4 米，后墓室顶高 6.5 米。后墓室顶部有两个盗洞，北边的是古代盗洞，南边的是现代盗洞。盗墓贼从后室的盗洞进入墓中，对墓室的原始形态进行了破坏，前室的铺地石已经被撬起。封门墙的厚度达 1.2 米。侧室内空间宽阔，南北长 3.6 米，宽近 2 米。

> **甲字形墓**：古代墓葬制度之一。墓室一般是一个大型的长方形或方形，以及特殊变异形的横穴洞室，墓室一端延伸出一条墓道，全墓平面约呈"甲"字的外形，故名甲字形墓。甲字形墓在新石器时代晚期文化中已见雏形，就是甘青地区马家窑文化、齐家文化中所见的凸字形墓。真正确立和成熟的形态始于商朝。甲字形墓规模一般都较中字形要小，大型甲字形墓为"列侯"级别墓葬。

墓中出土文物数量非常多。刻有文字的石牌有近 60 块，还有代表着墓主身份等级的石圭和石璧、兵器、铠甲，并有铁镜、骨尺、玉佩等生活常用之物。此外，墓中还出土了大量的画像石和素陶。

三、汉魏风韵

曹操高陵出土的 250 多件文物，为专家确认西高穴东汉大墓就是曹操墓，提供了重要的证据材料。

曹操在东汉末年的社会剧烈动荡中，统一了北方，使生产得以恢复，社会趋于稳定，人民得以休养生息。那么曹操高陵出土的文物，反映了他怎样的治世理念呢？

一块从盗墓者手中追缴回的画像石，经过鉴定，专家确认是一块典型的东汉时期画像石。画像石雕刻精美，技法娴熟，刻绘形象生动、传神，具

▲ 曹操墓发掘出土的石圭

有重要文物价值。

这块长120厘米，宽80厘米，厚度15厘米的长方形画像石，可能是石材太重不方便搬运的缘故，盗墓贼把它敲成了3块。

画面上有仆役、车马、桥梁等。画像石分三部分内容，每一部分都讲述了一个完整的故事。

最上端有"首阳山"3个字，画面内容是商末孤竹君的两个孩子伯夷、叔齐谦让王位，远行到周国后，因不堪忍受亡国的屈辱，逃到首阳山的故事。中间部分，刻绘的是春秋时期齐国大夫蔡良忠于国家的故事。下面部分表现的是7个义女为父报仇的故事。这一故事在东汉时期广为流行。

同样题材的画像石在内蒙古、安徽、山东等地东汉墓葬中也有出土。

考古学者认为，这块画像石，除了表现忠孝的儒家文化要义外，还有对作恶的地方官警示、惩处的用意。

伯夷、叔齐： 他们是商末孤竹国君的儿子。孤竹君生前立三儿子叔齐为继承人。孤竹君去世后，叔齐出走，欲让位给兄长伯夷。伯夷也不愿当国君而逃避。后来二人在路上相遇，听说西伯侯深得人民拥戴，于是投奔了周。文王死后，周武王继位而拥兵伐纣，他们极力劝谏被拒。后来伯夷、叔齐誓死不做周的臣民，也不吃周的粮食，隐居在首阳山，采野果为生。

曹操高陵出土的大量画像石残块，表面经过抛光，画面内容丰富，包括生产劳动、历史故事、乐舞杂技、车骑出行等。刻绘工笔细腻，刻画的人物、车骑、神兽等生动传神，具有东汉浪漫飘逸的风格。

这些数量众多的画像石残块，许多是在大墓顶部一个盗洞中发现的，考古人员分析，是盗墓者所为。

考古人员将破碎的画像石进行拼对，复原最初完整的图像，解读藏匿其中的历史信息。

潘伟斌说，我们看到像饮酒人带

▲ 曹操墓出土的人物画像石残块

的冠、穿的服饰，包括车都是汉朝流行的。雕龙的画像石，在汉朝，只有王侯一级的墓才可以有龙的雕刻。

在曹操墓前室，出土了3枚五铢钱，给大墓的年代断定提供了依据。

▲ 汉朝骑兵俑

郑州大学历史学院院长韩国河说，东汉的五铢和西汉的五铢是有区别的，五和铢在写法上有细微差别，从字体的构造、钱币的大小就可以判断它是东汉的随葬品。

画像石中马匹的刻绘较多，因为马匹在当时的军事与社会生活中扮演着极为重要的角色。从残留的奔马形象中，仍可感受到画风的飘逸、隽永。

在曹操高陵的前室与后室之间的甬道中，出土了很多陶器。陶器大都为素面陶器，以日常生活用品居多，具有典型的东汉风格。

从两汉时期到魏晋时期，随葬品最大的变化就是仿铜的陶礼器已经流行。

墓中出土的汉朝流行的熏炉，是仿青铜器制作。还有釜形鼎，有3条腿，兽蹄足、品形耳。

同曹操高陵规格形成鲜明反差的是，汉朝上层社会已经普遍流行陪葬彩陶，但曹操墓出土的陶器都是素面陶器，并且器型偏小，十分粗糙。

曹植在描述父亲曹操下葬的《诔文》中记述，曹操严格实行薄葬，下葬的物品简陋，而且多为陶器。曹操高陵出土文物与历史记载相吻合。

曹操高陵出土的3个陶灶，具有不同造型。显然3个灶台对应的是3位墓主人。

潘伟斌说，灶看着比较简约，火门前面没有

《诔文》：哀祭文的一种，叙述死者生平，相当于如今的致悼词或哀悼文章。起源于西周的赐谥制度，最早记载诔的是《礼记·檀弓上》，现存最早的诔辞为《左传·哀公十六年》所载鲁哀公的《孔子诔》。该文体起源于先秦，定型于汉，形成述德和写哀两方面和先述德后写哀的四言句式；唐以后逐步向骚体、长短句过渡。

很高的挡火墙。一般东汉墓出的灶比较讲究，两边都刻有鱼、肉块，甚至有一些勺子，但这里没有。

考古专家发现，曹操高陵出土的灶台体现了节能的理念，灶台用火得到了有效的利用。

潘伟斌说，两个锅是连孔的，烧火做饭时，余火舍不得浪费掉，又建了一个小灶口，平时烧热水用。还有个小小的烟囱，用火效率比较高。

灶台上的釜形锅，保温效果较好。烟囱上加有盖帽。可以减少室内火烟，净化空气。

从出土的陶井，也可以看出当时的环保意识。

潘伟斌说，井上建有小亭子，不让雨水进入井中，以免造成水质污染。

从曹操高陵出土的众多陶器可以看到，汉朝经历了长期的繁荣。尽管东汉末年社会动乱，经济凋敝，但是世人追求闲适安逸的生活品位依然可见。

从西汉开始，中国逐渐进入了封建社会的鼎盛时期，随着铁制农具和牛耕的广泛推广，农业生产获得较大发展，酿造业较为发达。

汉朝墓葬酒器出土较为普遍，成套盛酒的器皿——耳杯的出土，反映了当时社会饮酒之风盛行。

潘伟斌说，那时酒文化比较发达，平民墓里也出这些东西，反映出当时生活的富足、安逸。东汉晚期，虽然战乱，但曹操这个爱好并没有改变。

在曹操高陵出土的石牌上，刻有魏武王所使用的武器名称。专家认为，这些武器应是曹操生前所用之物。

这些记载武器的石牌都有"格虎"二字。专家认为，格虎是当时的一个常用语，所谓格虎就是格斗，用手格猛兽，说明他很喜欢武艺、喜欢兵器。

曹操从20岁在洛阳起兵，一生征战南北。

曹操高陵出土的兵器有铁甲、铁剑、铁刀、弩机以及短矛、大戟、大刀等石牌。

史料记载，曹操生前喜爱铁刀，曾经打制5把宝刀，名为百劈刀。曹操高陵出土了铁刀。有学者认为，这把铁刀可能是曹操生前喜爱的百辟刀。

曹操高陵除了出土大量兵器外，还出土了砚台、书案等。

2010年4月2日，中国秦汉史研究会、中国魏晋南北朝史学会两会会长联席会议在河南省安阳市召开。

学者根据曹操高陵以及出土文物，对曹操做了新的研究。认为重民、节俭是曹操执政理念的重要内容。他在中国历史由秦汉时期向魏晋南北朝时期的大转折中，是一位极为关键的人物。

潘伟斌说，墓里出土的器物反映出他的薄葬思想。比如没有发现大型的青铜器，玉器、金银器也很少。所谓的金银器，都是镶嵌的饰件，木质部分朽掉了，饰件保留了。金丝、金扣都是衣服上的东西，包括玉器。

曹操在《遗令》中要求"殓以时服"，即随葬平时穿的衣物，不用特意制作，并要求将生前使用的物品也随葬墓中，包括妻妾曾经使用的一些器物。

一件铭刻"刀尺一"文字的石牌，是指刀与尺各一把。曹操高陵出土的实物中就有铁刀与骨尺。

在中国戏剧舞台，曹操始终以奸臣的大白脸形象出现。事实上，曹操在历史学家眼里不仅是政治家、军事家，也是一位文学家。曹操高陵的发掘，使得作为文学形象的曹操更加回归真实历史。

史料记载，曹操患有头痛病。在曹操高陵出土了一件叫"慰项石"的石枕。这块石枕是不是曹操治疗头痛的专用枕头呢？

专家认为"慰项石"是曹操日常用的一件理疗用品，石枕上刻有"魏武王常所用"的文字。

南京大学考古系黄建秋教授通过对"慰项石"进行显微观察，通过表面的光洁度对比，得出是否使用过的结论。

显微镜照片发现"慰项石"刻字边缘非常粗糙，说明"慰项石"刻字没有经过任何磨损，而"慰项石"的正面和背面都有不同程度的磨损痕迹。

对于作为高陵陪葬物清单的石牌，黄建秋也进行了观察实验。

黄建秋说，石牌孔的边缘没有任何磨损痕迹，表面非常粗糙，说明在钻孔后，没有被使用过。证明石牌实际上是为了给曹操墓随葬器物取一个名称所制作。

曹操高陵浮出水面，一个千古之谜戛然终止，让考古与历史学者的探索欲望更为强烈。曹操高陵出土的文物还告诉人们怎样新的历史信息呢？

1959—1975年，在新疆吐鲁番市，考古人员发掘清理了晋到唐的墓葬400余座，出土2700多件汉文文书，其中晋十六国时期的只有100多件，有衣物疏、契约等文书直接随葬。

专家认为吐鲁番文书与纸张的普及有关联。

纸张虽然是汉朝发明的，但是从发明原始的纸，到能够在社会文化生活中普遍应用，有一个过程。这个过程应该是在两晋或者魏晋期间。

曹操高陵出土记录随葬物品清单的石牌也叫潜册，类似于吐鲁番文书中的衣物疏。

专家认为，同样是登记随葬品，登记的材料却不一样，一个是石牌，一个是纸张，因为曹操生活的时代是三国，也就是说三国时代有了纸，可是在制造方面困难还很多。

一件石牌上刻有"樗蒲"两字。"樗蒲"是古代一种赌博游戏，出现在东汉初期，这种游戏在曹魏和南北朝时期颇为流行。

曹操高陵还出土了陶制的11枚棋子，专家认为，这类棋的游戏方法已经失传。

河南省文物考古所研究员郝本性说，曹操多才多艺，他平时就拿这些消遣，所以死后把所爱同葬。

墓中还发现刻着"黄豆二升"的石牌。黄豆，学名大豆，栽培起源于中国。在中国古代历史文献中，黄豆被称为"菽"，为"五谷"之一。两汉之际，民间用语中开始出现"大豆"一词，至汉魏时期，"大豆"已经进入上层社会的书面语言之中。

四、高陵沧桑

曹操高陵的保护发掘工作井然有序。安阳市成立了由相关部门组成的曹操高陵工作领导小组，并有专人24小时值班，负责高陵以及出土文物的安全。

曹操高陵的墓道长40米，呈斜坡状，裸露在墓室外，墓道发掘是高陵发掘当中工作量最大的一部分。

墓道有立柱腐烂后留下的中空痕迹，从痕迹可以辨认曾经立有树木。大墓没有封土，又深埋地下15米，墓门用砖封死，三层封门砖按照竖立、横铺、人字形方式码放。三道封门墙厚度达1.2米左右。另有坚固的石门。这样的防盗措施在当时可谓严密之至。

大墓墓门与侧室墓门的石门槽里，有木灰的痕迹。考古人员判断，石门槽里应有门框，墓门是石质的，门框可能是木料。

考古人员发现，墓道外用的是当时普通的绳纹小砖。整个墓室所用的为4种特制的大砖，墓砖与墓砖间用白灰粘连。墓砖做工考究，墓室周围和室内均未发现一块多余的墓砖。说明在建造大墓前经过精心设计，墓砖经过专门烧制，十分珍贵。

大墓经过石灰涂抹，但大都已脱落。两个耳室没有涂抹石灰，墓砖裸露。考古人员判断可能与当时工期紧张有关。

潘伟斌说，据史书记载，曹操在建安二十三年下令修建这个墓，他于建安二十五年正月去世。中间有1年左右时间修建此墓。建这么大的墓，时间太紧了。

在大墓的前室和后室的墓壁上有平行的四层铁钉。这些铁钉形状不同。

大墓前室出土了魏武王常所用格虎大戟、格虎大刀、格虎短矛等石牌，考古人员判断，这些石牌标明的兵器，有可能就悬挂在前室墓壁的环状铁钉上。因为这些石牌上都有铜链，适合悬挂。

在大墓前后墓室与侧室之间的4个过道，都有门轴与门槽的痕迹。考古人员推断，大墓前室散乱堆放的石板同侧室墓门有关。

石板厚度为20厘米，和侧室的门槽厚度基本相当，考古专家推测，应该是封门石。

大墓铺有平整的地板，按照错缝平铺的办法，衔接严实。大墓前室有散乱的石板，是被盗墓者掀起的铺地石。

大墓后室南北两个侧室，有成为土状的棺木轮廓痕迹。

考古人员在清理后室时，发现这个棺材非常厚，侧室里发现的女性棺则比较薄，棺也比较短。

就在后室发现棺钉的地方，有大量画像石的残块和石瓦，画像石两面都有刻绘。

这些画像石残块原始位置在哪个地方？经过分析认为，有可能棺外还有

▲ 曹操高陵大墓

▲ 曹操高陵前室

一个石屋，因为考古人员发现有石雕瓦。

就在大墓后室后侧铺地石上，有6个有规律对称分布的圆形印痕。考古人员分析，曹操棺木外应有一个石质的棺椁。从摆放位置判断，墓主头部是朝向东偏南20度方向，刚好直指曹操的老家——安徽亳州。

社科院研究员唐际根认为，曹操的棺材曾经是放在石屋里的，盗墓贼把石屋砸碎了。

根据大墓出土的石牌推断，石屋里应当有合页屏风、书案、铺床等日常用品。在对后室的发掘中，发现了已经腐烂的书案、木质屏风等，书案残部纹理依然清晰。

让考古人员感到吃惊的是，大墓画像石都是由厚达十几厘米的石板雕刻而成，异常坚硬。但破碎程度十分严重，不像盗墓者所为。曹操高陵到底发生了怎样的劫难，使如此坚固的画像石残破不堪呢？

历史学者判断，曹魏政权最大的对手是司马懿家族，毁墓者很可能与司马懿家族夺权有关。刘庆柱认为，这些画像石可能是石屋的残片，说明曹操高陵最初遭到破坏并不是因为盗墓者，而极有可能是报复性毁墓者。

刘庆柱说，古代有个风俗叫毁墓，毁一半拿火烧了它。石头烧不着，就砸碎它。

刘庆柱注意到，大墓出土的59个石牌中，写有魏武王的都被砸碎了，而没有写魏武王的却完好无损。另外，墓室里两女一男三具遗骨，人头都只剩下头盖骨，男性遗骨的鼻子、脸部都已被砸毁。从这些细节推断，曹操墓室是因政治报复而被毁。

新上台的统治者为了巩固自己的统治，总要镇压前朝的反抗者。对一些高的建筑，要拆掉，一些墓葬要毁掉。

在曹操大墓后室，有一个早期的盗洞。专家认为毁墓者可能就是从这个早期盗洞进入大

司马懿： 字仲达，三国时期魏国杰出的政治家、军事家，西晋王朝的奠基人。曾任职过曹魏的大都督、大将军、太尉、太傅，是辅佐魏国三代的托孤辅政之重臣。他善谋奇策，多次征伐有功，其中最显著的功绩是两次率大军成功对抗诸葛亮北伐和远征平定辽东。次子司马昭封晋王后，追封司马懿为宣王。司马炎称帝后，追尊他为宣皇帝。

墓的。

距离西高穴1500米的渔阳村，是一个古老的村落，从6000多年前的仰韶文化开始，历经夏、商、周、秦、汉，这里文明的火焰一直延续到今天。

在渔阳村边，有一处古老的砖瓦窑，这里发现了东魏时期的器物。有专家推测，这处砖窑的土是五花土，适宜烧制砖瓦，很可能与邺城以及曹操墓有关。

距离西高穴曹操高陵15千米的漳河边，有一处古城遗址，就是东汉末年曹操的封地邺城。曹操以邺城为都，进行了统一北方、巩固东汉北方疆域的军事斗争。

也许因为邺城铜雀台留给曹操太多的记忆，曹操特意在临终前嘱咐，他死后的每月初一和十五，妻妾艺伎要在铜雀台上遥望高陵，进行祭祀和表演。

然而，随着岁月流逝，曹操高陵在铜雀台的视野中消失了。

事实上，唐朝的《元和郡县志》对高陵的记载明确："县西三十里"。北宋学者王明清所著《挥麈录》，对曹操高陵也有过记载。

河南大学历史系教授朱绍候说，宋太祖赵匡胤在968年曾下诏书，要保护前朝帝王的陵墓。他列有10位帝王，有一位就是魏武帝。他谈到魏武帝的高陵在邺西。

曹操高陵的湮废，也正是在曹操形象发生颠覆性变化之际。因为据正统观念，南宋以后曹操逐渐成为世人眼里的一代奸雄，曹操墓也成了一个谜。

朱绍候说，另外的原因就是北宋的战乱。北宋末年，这一地区被金人占领，老百姓四散逃离，能记清曹操墓方位的人就不多了。因此北宋以后的记载基本模糊了，所以出现了72疑冢说。

后来，曹操"72疑冢"与他狡诈阴险相呼应，开始在民间广为流传。距离西高穴村曹操高陵最近的一个疑冢，考古证实是北齐丞相淮阳王和士开的墓。传说中的"曹操72疑冢"，早在20世纪80年代，发掘证实是东魏、北齐贵族墓葬群，72疑冢纯属子虚乌有。

曹操在《终令》记载："凡诸侯居左右以前，卿大夫居后，汉制亦谓之陪陵。其公卿大臣列将有功者，宜陪寿陵，其广为兆域，使足相容。"这说明高陵不是一座孤墓，而是以高陵为中心，周围有文武百官陪葬的一个庞大墓群。

曹操墓西200多米处的一条古渠，当地村民叫冢子沟。2010年4月，中国社科院考古所在这里采用高密度电阻率法探测地下墓葬。探测结果是地下局部区域电阻偏低，可能存在大墓。

2009年3月，在曹操高陵还在发掘墓道之际，南京大学考古系教授黄建秋也曾采用高密度电阻率法，对高陵周边区域进行探测。黄建秋采用与曹操高陵墓道垂直的方向，按照间隔3米的距离布线。

黄建秋说，我至少可以探测地下近20米的深度，可以把地下可能存在的一些古墓葬等现象捕捉到。布了几次线后，我发现在现在的一号墓西侧，地下有异常现象存在。

测试后的图像表明，曹操高陵附近可能有一座规模较大的墓葬。

事实上，对曹操墓的确认只是一系列考古工作的开端。考古人员已经开始进行曹操高陵周边区域的考古调查，以探明墓地的规模、布局，确定是否存在陵园建筑。

史料记载，按照汉朝礼制，曹操高陵开始建有祭殿，后来魏文帝曹丕力推薄葬，并颁布了一道《毁高陵祭殿诏》，毁平了曹操高陵的地表建筑。这也使得曹操墓失去了标志和特征，最终湮没于岁月的烟尘中。

那么在曹操高陵的发掘中，有没有发现地面陵寝的建筑遗迹呢？

从高空拍摄的曹操墓发掘照片上，考古人员发现，在被命名为二号墓的曹操高陵墓道两侧，有圆形的柱洞和遗迹。

考古人员在曹操墓的墓室顶部发现了直径达50厘米的柱洞，在与曹操墓相邻的一号墓一侧，发现了夯土层。

唐际根认为，夯土就是建筑的遗层。曹操墓的墓顶上没有封土是肯定的，有墓上建筑也是肯定的。

在一号墓旁打下的探沟，考古人员发现了长约 20 米的墙基遗迹。

考古人员经过勘探发掘，确认曹操高陵地面有过陵寝建筑。

在安阳市渔阳村，农民龙振山在距离曹操墓不远的地方发现了东汉板瓦、大砖，还有大门的门钉。

专家考证，这一遗址距离曹操墓不足 1 千米，说明曹魏时期这里建有规模较大的非民用建筑，这些建筑应当与曹操的陵园有关。

为满足国内外人们参观的需求，安阳市政府按照"原址建馆、原址展示"的原则，及时启动了曹操高陵临时展厅项目，更远的目标是建设高水平的曹操高陵大遗址公园。

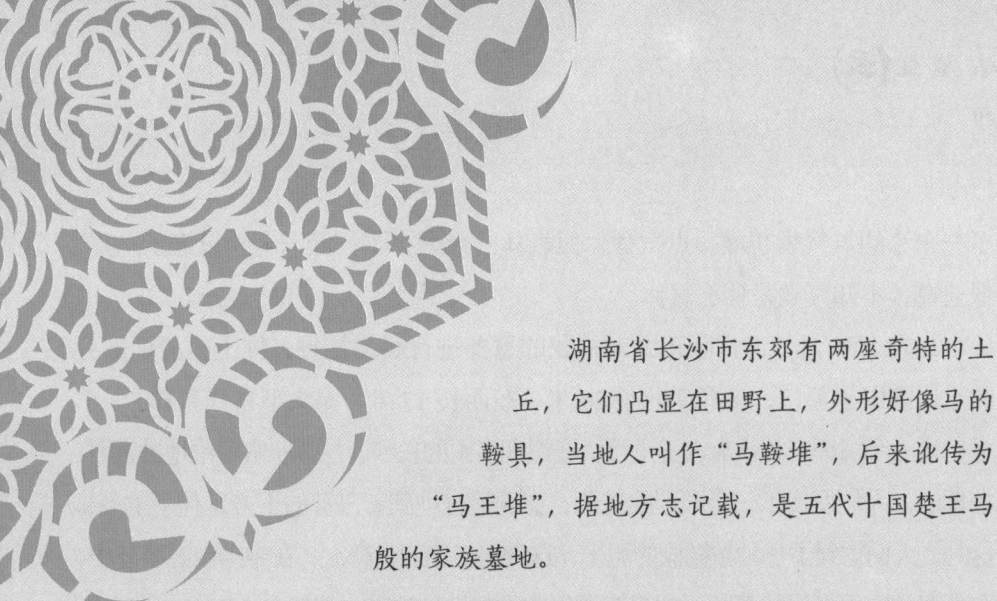

湖南省长沙市东郊有两座奇特的土丘，它们凸显在田野上，外形好像马的鞍具，当地人叫作"马鞍堆"，后来讹传为"马王堆"，据地方志记载，是五代十国楚王马殷的家族墓地。

马王堆传奇

湖南省长沙市有3000多年的悠久历史，遗憾的是，二战期间的一场大火几乎烧毁了地面上所有的古建筑，但在长沙城地下，却保存了大量珍贵的文物和历史遗迹。

▲ 马王堆

1971年底，当地驻军想利用马王堆的两个小山坡建造地下医院。施工过程中，经常遇到塌方，工人用钢钎钻探时从钻孔冒出了呛人的气体，有人用火引燃气体，马上出现了蓝色火焰。最早接到消息的湖南省博物馆侯良先生意识到，地下是一座古代墓葬，湖南土话把这样的墓叫火坑墓，据说里面的东西一般保存得比较好，但当侯良赶到时，气体已喷出三天了。

原马王堆发掘组组长侯良回忆说，当时我借

火坑墓：也叫火洞子，被白膏泥和木炭等密封在地下深处的恒温恒湿的环境中，墓穴中的物质变质产生可燃性气体，在挖掘的时候，气体溢出，遇明火而燃烧，会伤人。

了一个小的氧气袋想灌一点气体,但气体已经很少了,灌了半天只灌了一点,很遗憾,不知究竟是什么气体。

1972年1月,考古队正式对神秘的墓葬进行科学挖掘,推土机清理部分封土后露出了墓口,墓葬南北长20米,东西长17米,是大型古代墓葬。

进一步清理必须依靠人工进行,在湿润多雨的长沙,挖掘非常艰难地推进着,挖掘中,人们发现了一个圆形的盗洞,盗洞笔直地朝着墓葬的下方延伸了17米。这时,人们挖到了一种黏糊糊的泥土,这种土俗名叫白膏泥,在中国南方墓葬中,白膏泥常常用来保护墓葬,据说有很好的密封性。这时,忽然有人在白膏泥中挖出了绿色的树叶,大家不敢相信这是古时候的树叶,就像是刚从树上掉下来的颜色。

随后,人们又在填土中陆续发现了翠绿的树枝和黄绿色的竹筐。一切都那么不可思议。

白膏泥下面是一层厚厚的黑色木炭,木炭整整装满了4卡车,估计超过5000千克,把木炭和白膏泥清理完,露出一张很大的竹席,揭开席子,出现了一座完好的古墓。

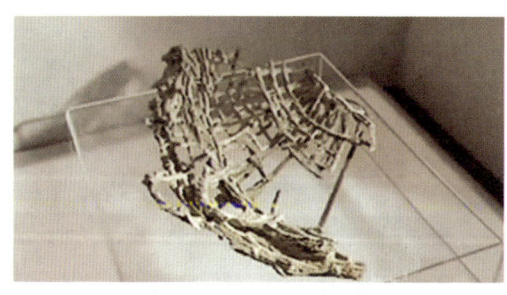
▲ 马王堆出土的黄绿色竹筐

这是一个方形墓,深20米,从上到下逐渐缩小,像漏斗的形状,墓坑底部摆放着4米多长,1.5米高的椁室,面对如此罕见的巨大椁室让经验丰富的考古学家感到惊讶。

▲ 马王堆一号墓

椁室由数十块整木制作的椁板拼合而成,有的椁板重达500多千克,椁室的超大体积给人们带来了麻烦,直接从墓坑中移出椁室的可能性不大,只好在墓中

▲ 层墓

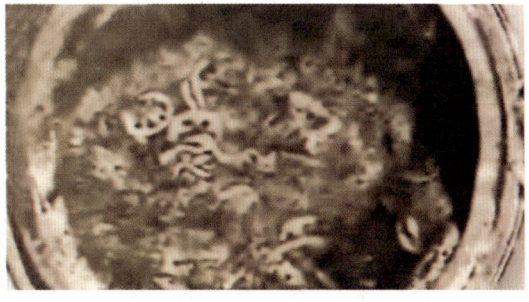
▲ 漆器中 2000 多年前的藕片

先揭开厚实的椁板。揭开椁板发现，这是一个丰富的地下宝库，中央是巨大的棺材，四边的边厢里填满了五光十色的珍宝，每件物品都如新的一样。

就在考古队员小心翼翼提取文物的时候，不可思议的事情又出现了，在东面边厢里发现了一个漂亮的漆器，打开盖子，在场的人不由瞪大了眼睛。侯良回忆说，漆器下面是水，水上漂着一层藕片，大家都凑上来看这稀奇的事，当慢慢把它端到中间照相时，漆器里的藕片就剩下几片了，当放到汽车上送走时，藕片没有了，变成了一盒汤。

是什么原因使得最容易腐烂的东西保存得如此完好，又是什么原因让神奇的景象转瞬即逝呢？琳琅满目的文物被源源不断地取出墓坑，最后只剩下了墓主人的栖身之所。

在这个埋藏有千年不朽的藕片、树叶以及色泽如新的随葬漆器的巨型墓葬中，注定还会出现令人惊异的景象，人们急切地等待着开棺的那一刻。

开棺的过程再次出乎人们的意料，庞大的棺材竟然套装有4层，最里面才是安放墓主人遗体的内棺，棺盖上覆盖着一块"T"形的神秘帛画，这幅长达2米并且完好无损的巨幅帛画是中

▲ "T"形神秘帛画

国考古史上的首次发现。

人们决定先在墓坑里打开内棺，内棺打开后，人们看到的是一团裹得严严实实的丝织物，神秘的墓主人还是没有露面，为了更好地保护文物，人们费了九牛二虎之力，把墓主人连同棺材完整地运到了博物馆。

庞大的4层棺材都用上好的木料打造，共使用了70块木板，所有棺木全部用卯榫拼接。

最外面是庄重的黑漆素棺，没有丝毫装饰；第二层是黑地彩绘漆棺，黑色的底子上用金黄色绘出复杂多变的云气纹，纹路间穿插着111个怪兽或者神仙，图案想象力丰富，线条粗犷，洋溢着远古时代的神秘气息；第三层是朱地彩绘漆棺，红色的底子上用绿色、褐色、黄色等各种颜色，描绘出许多代表祥瑞的图案，画了6条龙、3只虎、3只鹿、1只凤和1个仙人，和外面的相比，这层棺材显得更富丽堂皇。

最里面的内棺，棺身涂满黑漆，外面用帛和绣锦装饰，考古人员还是第一次看到这样修饰的棺材。

要见到墓主人的面目，必须先揭开裹在外面的丝绸物品。

侯良回忆说，墓主人身上盖了两层，丝绸非常鲜艳、漂亮，专门研究古代丝绸的王㐨说，从来没有见过2000多年前这么好的丝绸，他用手去揭，揭不开，丝绸已朽了。

为了剥开墓主人身上的丝织品，人们花了整整一个星期的时间。墓主人身上裹了20层衣物，有丝绸、麻织品，春夏秋冬的衣服俱全。在揭衣物的过程中，人们闻到一股强烈的酸臭气。如果尸体早已腐烂，怎么还会有这种气味呢？

中国社会科学院考古研究所专家白荣金回忆说，当时已经后半夜了，揭到最后一层麻布时，我用手一摸觉得软软的。

墓主人终于露出了面容，所有在场的人都目瞪口呆：墓主人是位女性，她不像一具古尸，皮肤仍旧是淡黄色的，按下去甚至还有弹性，部分关节能够活动。女尸经过防腐处理后，被送到湖南省医学院。注射防腐剂时，女尸的软组织随即鼓起,而后逐渐扩散,和新鲜尸体十分相似。

马王堆女尸的不朽不仅是世界考古史上的奇迹,也是人类历史上的奇迹。从此,她也成为人们不停追寻的疑问。

墓葬的发掘工作基本结束,但女尸的身份依然是个谜。在清理文物过程中,人们发现了一枚印章,上面刻着"妾辛追"几个字,说明墓主人的名字叫辛追。在一些随葬器物上,印有"軑侯家丞"和"軑侯家"字样,据史书记载,軑侯是西汉初年的一个侯爵,曾在长沙国担任丞相。

▲ 马王堆一号墓千年不朽女尸

▲ 刻有"妾辛追"的印章

由此基本确定墓葬的年代属于西汉初期,而地方志里关于五代十国楚王马殷墓的说法是错误的。

軑侯只是位次一般的小侯爵,享有封户700户,而墓地的豪华程度怎么看也不像是一个小侯爵的夫人。

墓主人辛追的巨型椁室,形状像汉字的"井",中间是4层套棺,周围堆满了琳琅满目的陪葬品,北面的头厢象征着她豪华的客厅,地上铺着竹席,四周围着丝幔,23个精心雕刻的木俑代表贴身女仆,尽心地服侍着她。

在所有木俑中,有一位绝色佳人最引人注目,精心修饰过的脸庞无限娇媚,嘴角露出一丝似笑非笑的神情,这尊木俑在荷兰展出时,被人们称作"东方维纳斯"。

技艺精湛的乐伎似乎在为主人弹奏美妙的音乐,木俑的形态让我们看到

▲ 木俑

了古代乐队的真实场景和辛追当年的声色享受。

一张矮矮的漆案上面摆着全套的餐具：五盘菜、一碗汤、一碗酒，还有几个烤肉串，似乎在等待主人用餐。

东、西、南三面的边厢都是侯爵夫人的库房，储存着漂亮的衣服和丰富的物品，竹笥和陶罐里装着各种粮食、蔬菜种子和水果，大多保存得非常完好，有水稻、小麦、大麦、大枣、梅子、杨梅等几十个品种，这也反映出当时中国南方农业的兴盛。

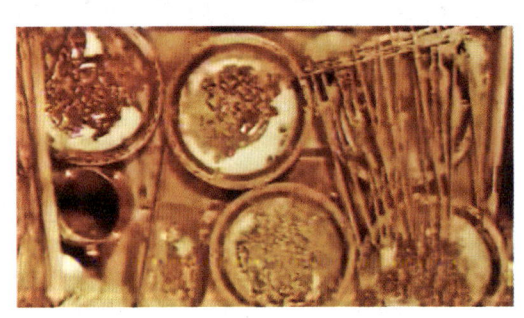

▲ 漆案上丰盛的食品餐具

这个雍容华贵的女人是谁？为什么死后有豪华的墓葬？她是因为年老或疾病去世还是死于谋杀？为什么历经2000多年的时光她依然保持尸身不朽？

为了进一步了解女尸的生理状况，考古专家决定对古尸进行解剖，湖南省医学专家负责解剖，主刀的是彭隆祥医生。

解剖显示：女尸生前患有多种疾病，冠心病、多发性胆石症、日本血吸虫病、第四、五腰椎间盘脱出或变形、右臂骨折等，50岁左右死亡。尸体光滑的皮肤说明，她并没有忍受长久疾病的折磨，属于猝死。

人们怀疑，她会不会是自杀的，中南大学湘雅医学院教授彭隆祥认为，如果是自缢，她颈部的骨头会受损，检查时可以发现，X光照片也能看得见，但都没有这样的迹象。

医学家在她颅骨里发现了残留的汞，但微量的汞不至于致人死亡。西汉贵族流行服用所谓"仙丹"。"仙丹"其实是用天然矿物炼制而成，含有微量的汞，对身体有害无益。

人们在女尸的胃肠中发现了138粒半还没有消化的甜瓜瓜子，也就是说，在死亡前不到一天的时间里，墓主人曾吃了大量的甜瓜，她一定是个喜好甜食的女人。联想到墓中还发现了不少兽类、禽类和鱼类的骨骼，看来辛追是个非常讲究吃喝的人。

医生再次仔细检查了辛追的生理状况，发现有一小块石头堵在十二指肠口，辛追患有胆结石，食用太多甜瓜会引起胆绞痛，而辛追还患有严重的冠心病，百分之七十的主动脉堵塞，医生推断，辛追死于胆绞痛诱发的冠心病。

能如此清晰地了解2000多年前人类的死因，在考古史上是绝无仅有的事情，这得益于尸体良好的保存状态。解剖结果说明，尸体只出现了早期腐败的症状，也就是说，尸体刚被细菌侵蚀，便成功地阻止了自然的进攻，时间就此停止了。

古代埃及人曾成功地保存了法老的尸体，做成了不朽的木乃伊。然而，木乃伊只是一具干枯的外壳。在马王堆之前，人们还没发现过保存如此完好的湿尸，后来，同类的古尸便被称为"马王堆尸"。

今天，人们还在不懈地探求马王堆女尸的不朽之谜，但没有一种解释能让人完全信服。

一般只有在很低的温度和无氧环境中，湿尸才可能避免腐烂，古墓的温度虽然比较恒定，但不可能很低，有人猜测，古人可能用了什么特别的办法，把无所不在的空气挡在了墓室之外。

挖掘的结果显示了墓葬独特的结构。巨大的椁室放置在20米深的墓坑底部，椁室四周堆积着半米厚的木炭，木炭外面是厚达1米的白膏泥，墓坑里填满生土和夯土。显然，木炭具有很好的吸水性，可以吸收渗入的水分。白膏泥又起了什么作用呢？侯良说，白膏泥的学名叫微晶高岭土，密度很大，经实验证实它能 24 小时不漏水。

但是，同样的方法在中国南方的墓葬中曾普遍使用，并不都能取得像马王堆女尸这样的效果，人们怀疑一定还有鲜为人知的原因，才使得马王堆女尸千年不朽。女尸出土时，在内棺的底部有一些神秘的棺液，检测结果显示，棺液里含有乙醇和乙酸成分，pH 为 5.18，为弱酸性。从理论上说，弱酸的环境确实有助于抑制细菌繁殖，解剖小组专门提取部分棺液做了实验，结果显示，棺液没有防腐作用。

有人提出，棺液当时没有保存好，已经不是原始棺液，实验不能说明问题，因为包裹女尸的衣物也浸泡在棺液中，这些衣物有丝绸、麻布，它们的保存就发生了不能解释的现象。侯良说，比如丝绸是蛋白质，是有机物质，不怕酸，棺液是酸的，但是丝绸坏了，麻布是植物纤维，怕酸，结果却非常结实。后来我拿棺里的麻线和新麻线到北京造纸研究所用拉力机拉，它们同时断，说明它们基本上是新的。

如果真是棺液使尸体千年不腐，那么棺液到底来于何处呢？有人猜测，棺液是古人在埋葬前刻意喷洒的防腐剂；也有人认为是长久渗入的水蒸气慢慢凝结而成的结果；还有一种说法是尸解水，也就是人体分解出来的水分。

谁也无法说服持不同观点的人，很多人以为，马王堆女尸是一个历史的偶然，类似的惊喜可能永远不会再出现了。

20 多年后，奇迹再一次降临。2002 年 7 月，在距长沙 1000 多千米的江苏省连云港市一个建筑工地上，人们发现了一个约 5 米深的大土坑。

考古人员判定，这是一座西汉中晚期的夫妻合葬墓。

现场清理了 3 口棺木，其中地位最尊贵的男主人头颅骨完好无损，颅内脑组织完好，但另外 2 具尸体几乎完全腐烂。还剩下一具棺材没有来得及在现场打开，只好运回连云港市博物馆。第二天上午，工作人员用钢钎撬开棺盖时，刚打开一个 5 厘米的缝，令人吃惊的事情发生了，人们透过裂缝，清楚地看到了一只脚。

在采取了适当的保护措施后，当天下午3点左右，考古人员打开了棺盖，一具仰面漂浮在棕褐色棺液里的古尸完整地呈现在了人们眼前。

这一发现又一次给人们带来了希望，也许这次能解开马王堆女尸的不朽之谜。

2003年6月，连云港女尸被送到连云港市人民医院，来自南京和上海的专家，开始探究女尸的秘密。医务人员用X光和CT扫描对女尸做了全面检查，发现女尸的左眼球比较完整，脑组织尽管缩小了，但仍清晰可见。南京医科大学基础医学院韩群颖教授说，女尸全身绝大部分皮肤非常好，非常细腻，整个背部也非常好。

专家们对女尸进行了解剖，结果有更多惊人的发现，女尸的脑组织尽管萎缩约二分之一，但保存完整，大脑额叶的沟回清晰可见，三叉神经也保存得非常好，肌肉仍有弹性和韧性，脊柱很直，足底纹路清晰。打开胸腔、腹腔，发现内脏器官保存完整，虽然粘连在一起，但心、肺、肝、肠都能分辨得清。

解剖的结果还需要进行深入的分析，但关于女尸不朽的疑团却仍然没有破解。

和马王堆的墓葬条件相比，连云港的墓葬简陋得多，不仅封土比较少，而且也没有大量的木炭和白膏泥，更令人迷惑不解的是，同一个墓葬中，同样的环境和密闭条件，为什么其他三口棺内只剩下零星的骨头，单单这具女尸如此幸运呢？女尸出现时的棺液引起人们的注意，让人联想到马王堆女尸的棺液，然而根据对棺液的分析，连云港棺液pH为7.55，呈弱碱性，还含有血红蛋白，和马王堆棺墓里的酸性棺液截然不同。从

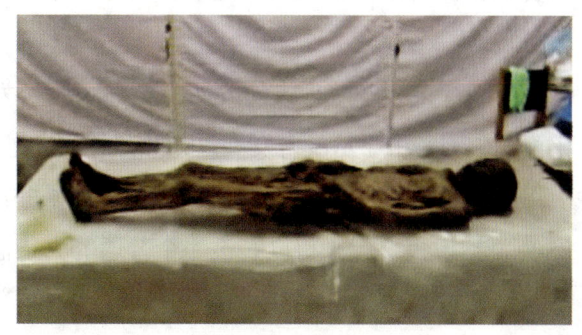

▲ 连云港女尸

理论上说，碱性液体不仅不能抑制细菌生长，反而有助于细菌繁殖。

连云港女尸的发现不仅没有解开马王堆女尸的谜题，反而增添了新的问题。尸体的千年不朽也许有着太多的偶然，尽管如此，研究人员还是给出了一个尽可能完善的答案，他们将女尸的不朽归结为3个原因：深埋、密封、缺氧，另外，还可能跟特定的地理条件有关。

比马王堆女尸幸运的是，出土文物确认了连云港女尸的身份，她的丈夫可能是一位地位较高的地方官员，而她本人则是被皇帝特封为侯的女贵族，名字叫凌惠平。

复原后的图像表明，凌惠平是一位面容秀丽的女子，根据推测，她生前身高1.65米左右，在当时中国的女子中，算得上是身材高挑的美女，但奇怪的是，这样一位美丽而尊贵的女侯爵死后却没有留下太多的陪葬品，她的家庭似乎并不十分富有。

相比之下，同属于西汉侯爵等级的马王堆女主人则显得相当富裕，似乎她的地位比女侯爵还要尊贵，或许，在她的背后隐藏着一个庞大家族兴衰沉浮的历史。

时间过去了30多年，但1971年底发现的马王堆辛追墓仍旧是中国考古史上绝无仅有的惊喜收获，历经2000多年的不朽女尸、琳琅满目的陪葬品，吸引很多人探根究底。人们想知道墓主人是谁，为什么这么富有。

墓葬中出土了100多件丝织品和衣物，丝绸、刺绣、织锦应有尽有，包括各式各样的袍子、衣服、鞋子、手套和袜子，有人称这是深埋地下的"古代时装秀"。

中国社会科学院考古研究所专家白荣金认为，马王堆就是一座地下丝绸宝库，中国考古学从没有发现过如此完整、大量的丝绸服装。

一件透明的素纱襌衣只有48克重，如果去掉领口和袖口的镶边，只剩下25克，据说折叠起来可以装进一个普通的火柴盒里。中国古人形容高级丝织品薄得像蝉的翅膀，轻得像流动的烟雾，这件衣服的出土证明先人的描述毫不夸张。

▲ 薄如蝉翼的衣服

出土的化妆用具虽然有2000多年的历史，但并不比现代女人的用具逊色，比如侯爵夫人的化妆盒，里面分两层，上层放着一面铜镜，下层有9个小盒子，里面装着粉扑、粉刷、木梳及各种胭脂、白粉等化妆品。

辛追还戴着漂亮的假发，假发盘出一个发髻，用3枚不同质地的簪子别在真发上。

辛追墓最大的财富要算色泽鲜艳的漆器，一共出土了700多件，有餐具、家具、兵器，还有用来娱乐的博具。

漆器一般用木、竹等制作胎体，经过上漆、绘画等工艺之后，最后上一道透明漆。漆器轻巧、实用、耐磨，在汉朝十分流行。

马王堆漆器质地光亮照人，图案朴实大方，精美绝伦。

由于墓葬良好的密封状态，使得不太容易保存的漆器形状如

▲ 2000多年前的化妆盒

▲ 辛追墓出土的漆器

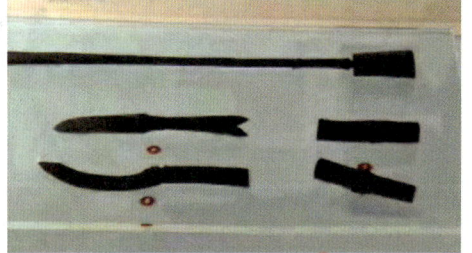
▲ 辛追墓出土的兵器

初、色泽饱满，在2000多年里，几乎没有消损颜色和亮度，看上去和新的一样，以至于让前来参观的外宾产生了误会。侯良说，当时一位外宾问我，这是2000多年前的吗？我说是的。他又问，你们在外面涂了什么东西吗？我说没有。参观后告别时他又问我，你们到底在漆器外面涂了什么东西？我说，我们国家文物政策明文规定，一切历史文物必须保持原样，如果加工就是破坏，要犯错误的。这时他才点头相信了。

人们对随葬品又产生了疑问，为什么这么多奢侈品中没有一件青铜器和金银器物呢？根据史料记载，西汉早期，由于国力虚弱，几代皇帝都实行休养生息政策，提倡节俭朴素，汉文帝规定，王侯的随葬品中不得有青铜器和金银珠宝。辛追表面上没有违反皇帝的规定，但她也没有真的遵从皇帝的训导，一切都说明辛追是个十分贪婪的女人，因为在那个时代，丝绸和漆器同样是奢侈品。原马王堆发掘组副组长周世荣说，虽然没有铜器，但当时一件漆器的价钱是铜器的10倍。

墓葬如此豪华，人们无法想象辛追生前的宫殿里是怎样一番景象，神秘的辛追究竟是个什么样的女人？她的家族究竟有多显赫？如果她不是軑侯的妻子，又会是谁呢？

在墓主人的身份确定之前，考古学家甚至有点相信，奢侈的陪葬比较符合皇妃身份的说法。

马王堆的两个土堆看起来确实很像两个墓葬的封土，这说明在辛追墓的正东面还有一个二号墓。就在一号辛追墓的挖掘过程中，忽然发现南侧冒出了气体，这让人感到意外，既然南侧出现与一号墓类似的气体，就很可能还有第三座墓葬。

侯良回忆说，我派一个干部去考察，他拿锄头用力一刨，结果里面的木炭一下流了出来，他往里面一看，又是一个大棺材。

一号墓和二号墓呈东西向排列，三号墓紧靠着一号墓的南侧，由于三号墓已经暴露，考古队决定先挖掘三号墓。

1973年11月，马王堆一带又热闹起来。

考古队希望能在这个墓葬里再次获得惊喜，一号墓主人辛追的身份和不朽之谜或许能在三号墓中找到答案。

但是，当考古队挖到墓葬东南角时出现了意外，侯良回忆说，在角边大概三四十厘米宽，1米多长的地方只有木炭没有白膏泥。

人们担心，白膏泥的缺失可能会对墓葬的保护造成不利，一号墓的情景也许难以重现。挖掘的结果证实了人们的担忧，由于密封不严，三号墓里已严重渗水。

和一号墓相比，三号墓规模稍小一些，棺室分3层，边厢里堆满了丰富的随葬品，其中也有不少稀世之宝。但内棺的情况令人失望，研究人员准备用真空泵提取棺液，结果以失败告终，因为棺材已经裂开了。

三号墓主人只留下一副骨架，医学家测定，这是一位30岁左右的年轻男子。女尸不朽的谜团没有在三号墓中得到破解，而关于墓主人是皇妃的猜测也没有得到印证。

三号墓主人虽没出现千年不朽的奇迹，但在三号墓发现了大量帛书和竹简，涉及的内容十分广泛，反映了当时中国人的智慧和深厚的文化素养。

12万多字的帛书，包括著名的古代典籍《周易》《老子》等，大部分是已失传一二千年的古籍，这是继敦煌之后最大规模的一次古代典籍的发现。马王堆的帛书和竹简在日后形成了一门独立的学科——马王堆学。

侯良认为，帛书的宝贵在于很多书是失传的，司马迁写《史记》都没看到，在这却发现了。并且，这里的版本非常古老，例如这里《德道经》的

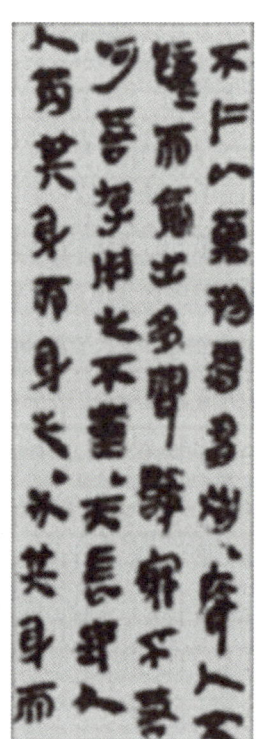

▲ 三号墓发现的帛书

《德篇》在前,《道篇》在后,现在流传的本子有错误,通过这里的版本都可以更正了。

三号墓里还有一幅帛画,画面上的人正在做各种动作,有的像鸟一样展开双臂;有的像熊一样笨拙地往上爬,一共有40种动作。旁边还标有解说性的文字,这或许是当时的健身体操,也许是太极拳的雏形。

古代中国人在天文学方面的成就也令人惊叹,墓中的彗星图将彗星的形象和位置描绘得十分真实,几乎让人怀疑是否真的是肉眼观察的结果。

6000多字的《五星占》既是古代人的占星术,同时也记述了当时人们对宇宙的认识,水星、金星、火星、木星、土星,是人们肉眼能看到的太阳系五大行星,《五星占》留下了一些依靠肉眼观测的数据,说明当时人们对五大行星的运行规律有相当准确的了解。原湖南省博物馆副馆长傅举有说,太阳

▲ 帛画上的人做着各种动作

系五大行星，公转周期、会合周期和现在的数据580多天只差半天，这在世界天文史上是没有的。

墓里还有一幅《地形图》，方位上南下北，有比例尺，地图描绘的是东经111度至112度30分，北纬23度至26度的地理状况，大体包括今天湖南、广东和广西三省交界的区域，向东一直延伸到今天的中国香港。这幅2000多年的地图具备了现代地图的4大要素：山脉、河流、道路和居民点。

傅举有认为，有了这4大要素，这幅地图就很科学了，这个地图跟现在的地图比较是差一些，但河流的走向以及弯曲的形状跟现在的地图基本一致，比清朝时的地图还要准确。

从陪葬品看出，三号墓主人是个博学多才的人，他接受了良好的教育，不过，他并不是一个文弱书

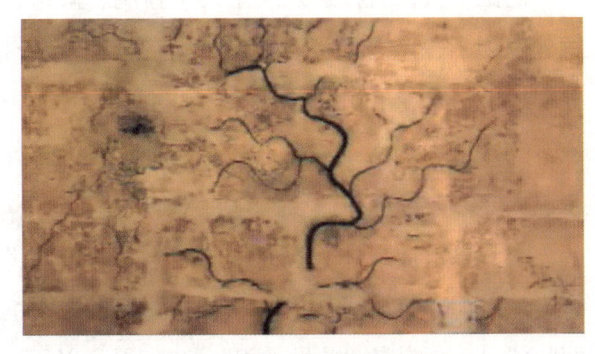

▲ 三号墓出土的地形图

生，墓葬中出土了大量的兵器，人们推测，三号墓主人可能曾担任过长沙国的武官。

在三号墓里发现了两幅帛画，帛画上的男人就是墓主人的形象。

这位年轻有为的武官为什么30来岁就死了？历史记载，西汉早年，南方的南越国曾发生叛乱，长沙国是抵御南越国的前线，两个王国的军队发生过激战，由于战争的地点自然条件恶劣，双方伤亡惨重。人们猜测，三号墓主人作为长沙国武官率领部队和叛军作战，不幸在征战中死亡，因此他被匆忙运回长沙，匆匆安葬。

他究竟是谁？和一号墓主人辛追又是什么关系呢？

在三号墓中没有找到关于墓主人身份的明确线索，人们把希望寄托在二号墓。二号墓离一号墓西壁只有23米。1973年12月，开始对二号墓进行挖掘。

傅举有回忆说，人们对二号墓寄予很大希望，二号墓封土堆跟一号墓一样大，要搞清地层关系，我们按照考古学的办法，把封土堆先搞掉一半，从剖面能看到它的地层关系，推土机推掉一半后，发现下面墓口是椭圆形的。

椭圆形的墓口，让在场的人迷惑不已，同属于一个墓葬群，为什么会出现方圆不同的墓葬口呢？考古人员发生了激烈的争论，有人认为可能不是墓葬，而是地面塌陷。人家决定进行钻探，打下去10米，直到把白膏泥、椁板都打下来了，证实确实是个墓。

挖掘不久，就接连发现了几个盗洞。傅举有回忆说，在其中一个盗洞中意外发现了一个唐朝瓷碗，说明早在唐朝，二号墓就被盗墓贼光顾过了。棺椁都烂了，只剩下和泥水混在一起的底板。

二号墓的规格比一号墓和三号墓都差，随葬文物也显得寒酸。如果真像传说那样，一号墓和二号墓的主人都是皇妃，怎么会有这么大的差距呢？

由于墓室被毁坏，里面一片狼藉，考古人员不得不在泥水中摸索，忽然有人从淤泥中拣出了2枚印章。原湖南省博物馆馆长高至喜说，一个印刻有"利仓"，一个刻有"軑侯之印"，我们很高兴，墓主人的问题解决了。

从印章上看，二号墓的主人确定是軑侯，名叫利仓，軑侯字样的铭文在一号和二号墓的随葬品上曾多次出现。軑侯利仓曾在西汉初年担任长沙国丞相，如果墓主人的身份确凿无疑，还应该有一方"长沙丞相"印章。

▲ 刻有利仓印章

高至喜回忆说，当时决定，文物清完后，把椁底板全部吊上来，把椁底板下面的淤泥全部运回到馆里，结果挑了一担多淤泥就又发现了一个印。

这枚印章证实了人们的推断，印文清晰地显示出"长沙丞相"4个字。

3枚印章成为二号墓最大的贡献，3个墓葬主人的身份终于有了答案：二号墓主人是利仓本人，一号墓主人毫无疑问是利仓的妻子侯爵夫人，而三号墓主人应该是利仓的儿子。

▲ 刻有长沙丞相的印章

墓主人的身份虽然有了定论，但人们的疑惑反而增加了。

一个享有700户的小诸侯家族，怎么会富比皇族呢？西汉早年，长沙一带是比较贫穷的地方，除了封地的供奉，这个家族还有什么收入来源？在3座墓中，为什么辛追的墓比丈夫利仓的墓要奢华得多呢？

中国古代发达的史学记载进一步充实了軑侯家族的信息。公元前193年，长沙国丞相利仓被汉文帝封为軑侯。8年后，利仓去世，利仓墓狭小的墓坑和简朴的随葬品显示，当时軑侯家并不十分富裕，圆形的墓口可能也是这一原因所致。

利仓去世后，他的儿子利豨继承了封号，成为第二代軑侯。

这位軑侯会不会就是死于战争中的三号墓主人呢？在随后的考古研究中，

▲ 马王堆3座墓位置图

人们对三号墓主人的身份产生了分歧,一部分专家认为,他就是第二代軑侯利豨,而另一部分专家提出疑义,三号墓陪葬的是三层棺,有悖列侯四层棺的礼制,所以不应该是第二代軑侯利豨,而且,三号墓和一号墓的位置关系也不合情理。

有人猜测,利仓应该还有另一个儿子。高至喜认为,如果三号墓主人是利豨,作为軑侯,他不能埋到母亲的脚下,只有利仓的小儿子埋在母亲的脚下才合乎情理。

如果三号墓主人并不是第二代軑侯利豨,利豨墓会在哪里呢?在这个埋葬了3个主人的家族墓地中,是否还有第4座墓葬呢?钻探队再次对两座土丘进行了详细探测。钻了3天,结果一无所获。

认为三号墓主人是利豨的专家更加肯定了自己的判断,他们还从三号墓的陪葬物品中找到了相关的证据,在三号墓的一些封泥上,清晰地留下了"軑侯家丞"4个字,在汉朝的官制中,只有诸侯才有资格设立家丞,也就是管家,级别相当于县长。

在陪葬的漆器上,有不少表明物主身份的铭文,"君幸酒""君幸食",能称为君的,起码应该是诸侯国里的列侯,而且在出土的帛画中,主人乘驾的是配备4匹马的马车。

傅举有说,皇帝可以驾6匹马的车,诸侯能驾4匹马,大夫驾3匹马,士驾2匹马,老百姓只能够驾1匹马的车,如果驾4匹马的车就犯法了。

多少年来,马王堆汉墓散发着神秘而诱人的气息,有关的争论始终在继续,有些问题也许能在未来得到破解,有些问题可能永远找不到答案。

相比之下,普通人对千年不朽的一号墓主人辛追有着更浓厚的兴趣,文字记载的历史完全忽略了她,但2000多年后她却比丈夫和儿子更引人注目。

2002年3月,应湖南省博物馆的请求,中国刑警学院法医系教授赵成文开始复原辛追的形象,为了工作方便,赵教授设计了一套叫作CCK-3型人像模拟系统的软件,可以通过尸体的骸骨复原死者的面貌。赵教授认为,人的面相关键取决于颅骨的形状,只要颅骨保留完整,2000多年前的女尸与日常破案中遇到的尸体基本没有区别。

复原主要依据辛追颅骨的X光片、出土时拍摄的面部照片,以及帛画和相关历史文献资料。赵教授在电脑上完成了对辛追面容的复原,从复原图上看,她是一位地道的中国美女,根据尸体的身长,还推断出她年轻时大约高1.6米。据此,人们又复原出了辛追年轻时的蜡像。

没有记录可以查寻辛追的来历,人们推断,这位美女在很年轻时就嫁给了比她年长的利仓。丈夫去世时,辛追只有30多岁,家

▲ 辛追年轻时复原蜡像

境也比较一般,之后利仓的儿子利豨继承了侯爵的封号,一家人仍旧留在长沙。

利仓死后,軑侯家不仅没有衰落,反而越发兴盛和热闹起来,辛追到底靠什么积聚了如此多的财富呢?人们只能靠想象去描绘她的人生。

当年在发掘过程中,人们对内棺中的一幅用帛织成的画感到迷惑,在后来很长时间里,这幅帛画始终散发着独特的魅力,吸引着人们,因为它不仅是一幅美妙的艺术作品,而且还透露了辛追内心的秘密,透露了当时中国人对宇宙和生死的认知。帛画2米多长,分3部分,下面是地狱,中间是人间,上面是天堂。地狱倒也不太可怕,一个赤裸上身的男子,双脚踩在怪鱼身上,用头和双手顶着地面。人间的情景就是辛追当年生活的写照,一个雍容的老妇,在仆人们的拥护下,神态安详而略有些忧伤。肖像画比例合适,线条流畅,人物生动有神,是中国传统人物绘画中的精品。辛追向往的天堂是:9个太阳在巨大的树枝间照耀,最大的太阳中间站着一只金色的乌鸦;弯弯的月亮里有传说中的神兔和蟾蜍,旁边还有一个仙女在飞舞。帛画最上端的中央

▲ 帛画中的地狱

▲ 帛画中的人间

▲ 帛画中的天堂

是一位长着蛇身的女子，这也许就是中国人心目中的创世主——女娲。

人们猜测，这幅帛画其实是一种叫幡的东西，是用来召唤死者灵魂的，也许辛追并不肯定自己能升入天堂，所以特意制作了这样一面精致的幡，来引导自己的灵魂不要走错了道路。

辛追只顾营造死后的世界，却没有预料到，她苦心经营的家族在后来的发展中并不顺利。根据史书记载，利豨死后，他的儿子，第三代軑侯离开长沙，到首都长安做官。之后第四代軑侯担任过武官，因为擅自调兵而被判处死刑，遇到赦免才留下一条性命，不得不回到原籍。

史书中关于軑侯家族的记载就此终结。辛追死后短短几十年，一度繁华庞大的家族就不复存在，她的后人成为平民，从前的富贵如烟云一样消散。

侯爵夫人的心愿消失在历史的尘埃中，但辛追却为后人留下了众多珍贵的文物以及那些解不开的谜团。

1984年12月3日,是一个星期日,这天中午,江苏省徐州市狮子山村小学的几个学生出门玩耍,穿过一个刚刚被推土机推出的采土场。突然,不知是谁一脚踢中了一个圆圆的东西,几个孩子急忙跑过去把它拾了起来,仔细一看,小圆球上居然有鼻子、眼睛和嘴,这竟然是个用泥土烧成的小人头。

王陵疑云

一、陶俑群从采土场汹涌而出

孩子们捡到"小人头"的消息很快就在狮子山村传开了,村民们纷纷围到了采土场,但谁也说不出这会是什么东西,大家只是觉得,在这些小人头的背后,必定隐藏着某种神秘的东西。村干部感到事关重大,觉得会不会是重大的文物发现,便急忙打电话向市博物馆汇报此事。博物馆考古部主任邱永生很快来到工地,看过"小人头"后,发现泥土里不仅仅只有小人头,而且还有身体,它们是一个个外形像人的陶俑。

邱永生称,当时我们看到几十个"小人头",很残破,俑的形状之间的差别不是太大,应该是群体性的东西,在周边还会有类似的(兵马俑的)东西出现。

邱永生认为这必定是一个重大的发现,经过粗略的观察之后,立即找人

▲ 北洞山楚王陵的远景

封锁了现场。

采土场发现了这么多陶俑,徐州市的有关部门非常重视,把市里最主要的考古人员全都调往现场。

12月5日,考古专家王恺和他的同事们来到了狮子山下的这个采土场。经过大约60天的探察,发现地下一共有5个俑坑,有3个俑坑比较大,每个坑中估计就有上千个陶俑,另外2个俑坑相对要小一些,5个俑坑全加起来,陶俑的总数竟然达到了4000多个。

数量如此庞大的陶俑到底是干什么用的?埋藏在这里的意图又是什么呢?

要找到答案就必须看到陶俑的全貌,陶俑既然已经暴露,抢救性发掘工作就马上展开了。

一个个陶俑被剥去泥土,从沉睡多年的地下显露出来,陶俑主要有立式和坐式两种,立式俑的高度是48厘米,而坐式俑的高度只有25厘米。虽然

▲ 陵墓中出土的站立俑

尺寸比起真人小了不少，但每个陶俑五官清晰，四肢完整，完全是按照真人的模样来制作的。

2个多月后，上千人的陶俑群从深埋的地下凸现出来，蔚为壮观地出现在人们的面前，这不能不让人感到惊奇，它们到底代表着什么呢？

王恺称，这些俑，特别发现有些俑手上都带孔，有的俑后边背着箭壶，属于射箭的弓弩手，有的俑两手呈捧着状，是持长械的，还有穿着战袍、盔甲的，以及一些俑带发髻、发辫。秦俑有很多编的发辫都很规范，我们就考虑，会不会这也是兵马俑。

这些陶俑，立式的是步兵，坐式的是驾车的驭手和车兵，俑坑中还有马俑，马俑后面站着的官员应该是指挥官。整个队伍里没有其他的动物俑，也没有女性俑，俑的性质非常单纯，可以断定，这次狮子山发现的是兵马俑军阵。

俑坑中的队伍不能不让人联想到西安的秦始皇兵马俑，然而，却又无法和秦俑相比。秦俑和真人大小差不多，而且，兵俑的表情、服饰、发型都各不一样，似乎每一名陶俑都有各自的性格特点，是完完全全真人的复制。

而眼前的兵俑，神情都很相像，相同兵种的俑更加类似，似乎都是从同样的模子里铸出来的。虽然与秦兵马俑相比，是缩小版的军阵，但这些陶俑，同样代表了一种等级。

在中国古代礼制中，只有皇帝或者是身世显赫的人下葬才能使用兵马俑。迄今为止，在中国的土地上，只发现过两处大规模的兵马俑陪葬坑，一处就是陕西西安秦始皇兵马俑军阵，它是秦始皇的陪葬军队，另一处是陕西咸阳杨家湾兵马俑，它们的主人估计是西汉中央政府的某位高官。

二、扑朔迷离的埋藏时间

徐州狮子山兵马俑的主人是谁呢？要解答这个问题，得从这些陶俑的时代入手，它们是什么时代埋藏在这里的呢？

邱永生称，每个时代的风格，它都有一定的显著特征，从这个兵马俑身上来看，无论是造型、装束、工艺，它应该是西汉时期的陶俑、兵俑，这一点应该是确凿无疑的。

研究人员发现，已经出土的这三处兵马俑陪葬坑，秦兵马俑出现在西安附近，西安是当时秦国的都城，杨家湾兵马俑出现在陕西咸阳，也在西汉时期的首都长安附近。

而徐州只是西汉时期中央册封的下属诸侯国——楚国的首府，是远离首都的地方，居然也有几千件兵马俑被发现。

为什么这些兵俑会出现在徐州？它们会是哪位显赫人物的陪葬呢？

从徐州的历史来看，从来没有哪位皇帝葬在徐州，但徐州曾经是西汉时期的诸侯国——楚国的都城。

西汉时期，皇帝刘邦把天下划分成几个诸侯国分封给自己的兄弟，他的弟弟被封为楚王，管理以徐州为中心的楚国，徐州曾经存在过 12 代刘姓楚王，他们死后都葬在了周围地区。

用军阵送葬是一种等级很高的葬礼，只有楚王统治徐州的时候，才有条件有能力完成这样的杰作，这些兵马俑的时代被确定为汉朝已经没有疑义，那么，兵马俑的主人会不会是这 12 代刘姓楚王中的一位呢？

王恺解释，秦始皇兵马俑是秦始皇陵的一部分，那这个俑它也一定有它的主人，它的主人是谁？它的主人埋在哪里？因为我有这个疑问，当时就考虑找墓的问题。

发现兵马俑的狮子山是坐落在徐州东郊的一个高出地面只有 61 米的小山包，发掘兵马俑后不久，人们在狮子山附近，经常能看到王恺，拎着一把奇怪的铲子，在山坡上东掘一下，西掘一下，似乎在寻找什么东西。

▲ 北洞山楚王陵出土的彩绘陶俑

　　王恺是 1963 年北京大学考古系毕业的老牌大学生，大学毕业后一直从事考古工作，当地很多人都知道："徐州有个考古学家，手拿小铲找墓，十个有八个准"。

　　王恺参加发掘完狮子山兵马俑后，出任了兵马俑博物馆馆长，从此，寻找兵马俑主人墓葬的重担就当仁不让地落在了他的肩上。

　　王恺用他的老方法跑遍了兵马俑坑附近的山山水水，但都一无所获，毕竟已经 2000 多年了，没有任何明确的线索，要在地下寻找一座墓葬，难度可想而知，王恺知道，必须缩小寻找的范围，发掘兵马俑时曾经发现了一些异常现象，从中能不能找到和主墓有关的线索呢？

　　在发掘五号坑时，发现了大量的陶马，可以肯定这是一个专门放置马匹的俑坑，但令考古人员不解的是，这些陶马只有个别的马匹被组装在了一起，更多的是一些马的配件散乱堆放着，有成堆的马腿，还有马头和马躯干，而且，竟然还有一堆马耳朵，似乎在下葬时工匠们只是仓促地把配件直接倾倒在马坑里了。

　　在 2 号俑坑中，兵马俑大多面西而立，但其中却有不少陶俑有的面向南，有的面向北，更让人意想不到的是，有的俑与绝大多数陶俑的朝向甚至完全相反，不是向西而是面向了正东，这显然极不周到，同一支队伍中，士兵怎么能左顾右盼，有人甚至反向行进呢？

　　这种仓促似乎表明，墓主人的下葬非常草率，这可能是一次非正常的

▲ 北洞山楚王陵出土的彩绘陶俑的正面

葬礼。

虽然有些俑的朝向不同,但绝大多数兵俑都是面向西方的。

王恺认为,参照秦始皇兵马俑,它是面向东的,它的墓在(俑)的西边,我当时就考虑,这个墓主人的墓葬,很可能就在俑东边的狮子山上。

兵马俑面向西方,那么,他们守卫的主人就应该在兵俑的东面,这是一种合理的推断,俑坑的东边正是这座不高的狮子山。而且,狮子山是一座石头山,几十厘米厚的土层下就是岩石,徐州已经发现的几座西汉墓葬,都是在石头山中开凿而成的。

这一切似乎都说明,狮子山符合修建陵墓的条件,于是,王恺把他寻找主墓的目光全部投向了这里。

这天,王恺又来到了狮子山上,在地上他发现了几块不起眼的陶瓦碎片,仔细看过后,王恺断定,这些都是汉朝的瓦片,王恺一下子兴奋起来,因为,这些瓦片说明,狮子山上曾经存在过

汉朝的兵马俑:兵马俑陪葬制度始于秦始皇。用单独列阵成军的兵马俑坑从葬,是先秦中用兵器和兵车陪葬以及真人殉葬制发展到极致的反映。事实上,在汉朝的陵墓中,亦曾挖掘出汉朝的兵马俑,只是在数量和艺术价值上,都不如秦兵马俑。

汉朝的建筑物。

王恺知道，墓葬之上，必然有陵园，这些汉瓦，可能就是来自陵园的建筑物，也就是说，狮子山上，真的可能有墓葬存在。

王恺意识到，他寻找墓葬的方向是正确的，为了得到更多的线索，他每周都要上山几次，而且一待就是很长时间。

王恺回忆，我就不断上山去跑，想了解点蛛丝马迹，跑了好多次，恐怕在这山上转的次数无法计算，甚至于哪儿有块石头，哪儿有棵草，我都比较清楚。

这天，王恺在上山途中碰到一位植树的村民，闲聊中村民对王凯说，早年狮子山下有许多碎石子，农民不需开山炸石就可以挑石子去卖。

这几句话让王恺眼前一亮，狮子山是一座石头山，要在山上修墓，必定要凿石开山，碎石可能是历史上开山遗留下来的。

在村民的指引下，王恺来到了这些碎石旁。

有什么证据能够证明这些石块是2000年前开山时凿出来的呢？王恺连自己也不知道该在石堆中寻找什么，他只是一块块地拨弄着石头，希望能够找到蛛丝马迹。

他拿起一块石头。突然，他被自己看到的东西惊呆了，在这块石头上面，有清晰的人工凿痕，王恺知道，他找到了他最想看到的证据，现代人开山都是用炸药，不可能再用凿子，这块带有凿痕的石头，可能就是2000多年前凿墓时留下来的，兵马俑的主人墓应该就在狮子山上。

但墓葬会在狮子山的什么地方呢？山上几十厘米的土层下就是石头，找墓的洛阳铲也毫无用武之地。王恺只能再次把目光投向了兵马俑坑，希望能够再次发现有价值的线索。

就在俑坑中，王恺和考古人员发现了更多的反常现象。

俑坑的四壁十分随意和简陋，似乎根本就未作平整，坑壁上的土已经松散和脱落了；俑坑的底部凹凸不平，一号俑坑靠东头的地方，就连坑中的岩石都没有除去，陶俑好像是随意就摆放到了岩石上，俑坑的中部凸起一块大石头，把整个军阵一分为二，大石头上还因陋就简地放置了马俑和官吏俑，似乎是一个指挥台。这些岩石的存在已经影响到了兵马俑的布阵，而清理掉它们并不需要投入很大的人力和物力，是什么原因让下葬者能做却没有去做呢？

邱永生认为，无论是秦俑还是汉朝的杨俑，它们的坑都做得非常讲究，非常规整，比如秦俑，它有好多巷道，地下有铺地砖，上面有蓬木结构，汉朝杨俑在坑上也有一些特意的处理，在徐州的兵马俑，我们在发掘时则看到了，它排得非常草率。

俑坑中大多数兵俑的排列还稍有规律性，每排陶俑的数量大约是8个，前后两排的间隔也差不多，但有很多地方却非常凌乱，有的每排人数只有二三人，前后排的距离也拉得很开，陶俑稀稀疏疏，而有的每排人数却达到了十几人，陶俑全都挤成一堆，摩肩接踵，令人眼花缭乱，根本就没有军队的队列、阵型的样子。

俑坑中兵俑的种类有七八种之多，按一般常规来讲，各兵种应该分别统一起来，按各自的方阵下葬。但在这里，所有兵种都混在一起了，发辫俑里混着发髻俑，发髻俑里混着戴头盔俑，持长械俑里混着弓弩手俑；中国古代的车兵制度通常是一乘车上有一个驭手、一个甲士或两个甲士，但二号俑坑中却是二三排驭手俑间杂着四五排甲士俑，驭手和甲士明显不成比例，完全没有按照战斗队形来排列；最令人大惑不解的是，在二号坑成群的跪坐式车兵俑中，竟然莫名其妙地站着一个孤零零的步兵俑。

王恺说，打个比方吧，现在空军、海军、陆军不能混到一起，混到一

▲ 徐州狮子山汉兵马俑

起，军种就搞混了。

王恺发现的异常让他非常不解，葬礼在中国古代是最重要的礼节之一，必定是庄严肃穆，一切井井有条，作为陪葬坑中的兵马俑，也一定要按照当时军队的阵容，骑兵、步兵、战车，各就各位，埋入地下，因为，按照当时的逻辑，只有一支正规的军队，才具有战斗力，才可能在地下保卫墓主人的安全。

然而，徐州的兵马俑坑中却出现了这么多细节上的不周到，这种种的不周之处说明，下葬人员似乎根本就没把葬礼当回事，匆匆忙忙、仓促草率地把兵马俑随便往俑坑中一扔就完事了，而这一切在注重礼教的中国古代，是要冒杀头之罪的，是什么原因让工匠们敢做这种冒天下之大不韪的事呢？

这混乱不堪的兵马俑军阵背后，必定隐藏着某种重大的计谋，王恺仿佛

▲ 狮子山兵马俑出土现场及马俑头和跽坐俑

看到了一片手忙脚乱、凌乱不堪的景象，2000多年前的徐州，必定发生了什么惊天动地的大事，而这惊天动地的大事，一定和兵马俑军阵的主人有关。

然而，这位神秘的主人是谁仍然是个谜，对王恺来说，一方面要寻找兵马俑军阵的主人，同时，他还要探寻历史上的某起神秘事件。找到兵马俑的主人也许就能揭开隐藏背后的神秘事件，看来，寻找兵马俑的主人，成为破解所有谜题的关键。

王恺在俑坑中没有发现有关主墓更进一步的线索，却坚定了他的猜测，墓主人是被非正常埋葬的，王恺一定要找到兵马俑主人墓葬的愿望更加强烈了。

然而，狮子山虽然不高，但方圆也有几千平方米，狮子山村就坐落在这座小山头上，山坡上的民居鳞次栉比，总不能挨家挨户跑到人家屋子里挖几个坑然后走人吧，怎样才能找到狮子山兵马俑的主人墓葬呢？

无奈之下，王恺开始求助于现代科技手段。

三、规模浩大的找墓工作无功而返

坐落在徐州南郊的中国矿业大学有许多地质物探方面的专家，王恺向他们发出了请求。

1988年春，物探权威宁书年教授毛遂自荐，邀请了全国30多位地质专家，携带七八种先进仪器，对狮子山进行了一次全方位的探测，专家们在地上插入电极后通电，仪器上会显示不同地层的导电情况，地下如果是矿藏或地下水，导电情况将不同于岩石，地下有洞穴或者墓室也能显示异常，王恺对这次寻找寄予了很大的希望。

王恺称，宁书年教授亲自挂帅，在全国调了一些先进的仪器，几十位专家参与进来。

专家们忙碌了十几天，测出了导电异常区，最后在图上画出了一块黑区，这里位于狮子山主峰的西南侧，正对着一户村民，专家肯定地说这就是墓道。

王恺回忆，当时在我脑子里确定为了这个墓，花一万块钱也要把（村民的）房子买下来。可就在那院里，画的线上，挖不到一米深就是基岩，再挖，不到一米还是基岩，又泡汤了。

这次用科技手段找墓失败了，图上的黑区到底是什么原因造成的，专家一时也解释不清，但绝对不是墓。

规模浩大的找墓工作最终无功而返，喧嚣的狮子山归于平静，但就在这万籁无声的时刻，人们分明还能感觉到有一颗不平静的心在跳动，那是王恺还不甘心，狮子山兵马俑的主人墓到底在哪里呢？

四、从一句话中透露出来的信息

几次找墓行动都无功而返，难道只有俑，没有墓吗？但王恺坚信自己的判断并没有错，兵马俑的主人墓葬一定就在狮子山上，只是还没有找到而已，用先进仪器找墓的失利并没有让他放弃，相反，他上山的次数更多了，那条通往狮子山顶的台阶路，王凯不知道已经走过了多少次。

狮子山村几乎每一个村民都认识他，只要看到王恺，都会说："找墓的又来了。"村民们经常能看到他坐在山顶上冥思苦想，忘记了吃饭、回家，就好像入了魔一样，很多时候直到月亮高挂树梢，人们还能看到王恺在狮子山上徘徊的身影。从1985年开始找墓，一晃5年已经过去了。

王恺称，我曾在徐州市文化局召开的一次业务会上，立下誓言：不找出狮子山汉兵马俑的主人陵墓，我死不瞑目。

在众多科学家都偃旗息鼓的情况下，万般无奈，王恺决心还是用自己的土办法试一试。

1990年初春的一天中午，王恺来到狮子山村，他知道，每天这个时候，村里上年纪的人都会聚到村头晒太阳，要了解狮子山的历史，最有效的办法就是到他们中去，从闲聊中，说不定能够发现有用的线索。连着一个多星期，王恺天天来到村头，村里人也都知道他来的目的，于是尽可能地多说一些东拉西扯的话，王恺每件事都认真听着，但一直没有得到什么有价值的线索。

为了接触更多的人，王恺离开村头，开始了家访，他着了魔似的挨家挨户找人聊天，逢人就问，见人就说，同时他的眼睛密切注视着任何一处搞过基建的地方，观察那里土层变化的情况。

1991年的一天，王恺从山上寻查回来，看到两个老汉在村口下棋，像往常一样，王恺凑了上去，看到王恺，两人又把话题扯到找墓上。其中有一个人冒了一句："听人说，早年有人在山上挖过红薯窖。"这平平常常的一句话，却让王恺就像触电一样，浑身一震。

王恺称，我是农村来的，红薯窖是干什么用的，我很清楚，在我们那儿，红薯窖一般是挖一个坑，长2米，宽1米，深2米左右。

对狮子山已经非常了解的王恺深知，这是一座地地道道的石头山，山上的土层很薄，每年狮子山上都会种树，植树的村民挖坑时必须非常小心，因为几十厘米厚的土层之下就是岩石，一不小心铁镐就会挖到石头上，把人的手震得生疼，在这几十厘米的土层上，怎么可能挖出2米多深的红薯窖呢？

"有人在山上挖过红薯窖"，这话简直令人难以置信，因为在这里下棋老汉用的是"挖"字，而不是"凿"字。为了一个简单的红薯窖，要费尽九牛二虎之力在山上开凿石头，这种可能性太小了。

也就是说，如果要在山上挖一个红薯窖，那么这个地方的积土层必定很深，这种情况只有一种解释，山岩之中原本是没有大面积泥土的，有可能是后来人为搬运而来，那么，是不是红薯窖正好挖在了墓穴的填土层上呢？这是一个十分专业而又简单的问题。

王恺岂能放掉这样一条线索，他七弯八拐，费尽周折，查来找去，最后终于打听到红薯窖是张立业老人家的。一分钟也没有停留，王恺急忙来到了张立业家。

张老汉十分确定地回答，他们家的老宅子那儿是有地窖，而且不止一个，早些年冬天都用来储存红薯,大的地窖都能放上近5吨红薯,这些地窖已经有年头了,是从他的爷爷辈那时起就有了。

王恺迫不及待地来到狮子山张立业家的老宅子处。

这里位于狮子山主峰南坡的半山腰处,已经多年无人居住。也许是命运要跟王恺开玩笑,在这片房子的西侧,正是那条通往狮子山顶的台阶路,从1985年开始到现在,6年来,王恺在这条路上山下山已经不知道走过多少次了。

五、找到墓道

王恺决定先挖一个探沟,第二天他就到山后采石场找了两名工人,在张立业家院子后面的空地上画出范围,开始往下挖掘,挖了两天,挖出一个1米多深的大坑,下面没有碰到岩石,仍然还是泥土。

王恺说:"到了这个深度,底下还是土,我就用探铲向下探。"

中午,王恺拿着一把洛阳铲,下到坑底向下探,探铲一直向下打了1.3米,加上土坑已经挖了1.2米,等于已经探测到了离地面2.5米处的地下,探铲探出来的仍然是泥土。

第三天,王恺让两个民工继续挖,民工干得很卖劲,土坑又向东扩了3米,中午时分,其中一个人的铁锹碰到了石头,他急忙找来王恺。

王恺回忆,民工说,王馆长,挖不下去了,底下都是山石头,没办法挖了。

王恺随着他来到土坑旁,看到泥土中露出了一块很大的石头,王恺小心翼翼,慢慢拨开泥土,就在这块石头上,王恺惊喜地看到了人工开凿的痕迹。

王恺说,看到錾子纹以后,我说好,顺着这个石头向下挖,我就看着他们挖。

挖了半天,底下仍然是布满人工凿痕的石壁,王恺知道,这就是深埋地下千年古墓的墓道墙壁。

王恺回忆，当时高兴坏了，花了6年的时间，现在终于找到了，只要抓住这个墓道的东壁，这个墓就算找到了！

一个埋藏千年的地下宫殿就这样被撩起了神秘的面纱，这里位于狮子山主峰的南坡，离科技找墓时确定的异常区只有十几米远。在这样一座千年来从未面世的古墓中，兵马俑世代守卫的主人还在其中吗？通过墓主人，能够揭开俑坑中兵马俑军阵摆放破绽百出的谜题吗？

六、发现了和尚的缸葬

1992年12月16日，王恺带着几名考古队员对狮子山汉墓进行了一次尝试性发掘。

挖掘进行到第四天中午，取土的民工们大叫了起来："王馆长，挖到宝贝了"。

王恺急忙赶了过来，只见泥土中露出了一个陶瓷的小盖子，连墓门都还没有见到，难道这么快就挖到墓里的陪葬品了吗？王恺也迷惑了，他小心翼翼地拨开泥土，随着泥土不断被铲掉，王恺发现，小盖子下面还有更大的器物，继续挖掉周围的泥土，一个更大的圆形罩子露了出来。

王恺轻轻揭开小盖子一看，圆形大罩子上有一个圆孔，下面似乎是缸一类的容器，所有人都迫不及待地想知道大缸里究竟是什么东西，大家七手八脚，非常小心地掀开了大盖子，里面赫然是一个人的骨架，而且，腿骨似乎盘曲在一起。

这么快就挖到了骸骨，而且没有墓室，也没有陪葬，只有简陋的一个大缸，难道这就是几千兵马俑护卫的墓主吗？难道这就是王恺苦苦寻找的2000多年前的显赫人物吗？是不是出了什么差错？考古队员们百思不得其解。

缸体上还绘满了各种各样的图案，考古队员发现了一些似乎和佛教有关的文字和图案，这究竟是怎么回事呢？

第二天，王恺和考古队员带着问题来到了徐州市最大的寺庙云龙山兴化寺，寺里的方丈大师接待了他们。大师回答说，大缸中的尸骨和兵马俑的主人墓之间应该没有什么关系，这种大缸是专门用来埋葬僧人的，叫坐缸，缸中应该是某一位和尚的尸骨，缸葬是和尚"坐化"的一种独特方式。

这正好解释了缸中的骨骸为什么腿骨是盘曲在一起的。

经过进一步访问，王恺了解到，狮子山上早年曾经有过一座"竹林寺"，但早已被毁坏了，缸中的尸骨应该是寺中的和尚。

王凯放心了，主墓应该还在更深的地下。

七、初步挖掘，发现盗洞

试掘继续进行，不久，考古队员发现了有一块地方的土质和周围的不太一样，似乎要松软许多，像是一个回填的土坑。

王恺称，大概它的直径在1米，它是椭圆形的，宽度也是1.5米左右。

在土坑松软的泥土中，王恺发现了几枚铜钱，这种铜钱是西汉早期的钱币，紧接着，又发现了印章，印章上刻有"楚司马印"几个字，"楚"代表西汉时期中央政权下属的诸侯国——楚国，这是一名武官的印章，但他的身份绝不可能拥有这么大的墓葬，这不应该是墓主人的印章。

这是发掘过程中第一次发现文物，然而王恺没有一点兴奋的感觉，反而心情越来越沉重，已经发现的零散文物说明，这个大坑可能是当年的盗洞，这些铜钱和印章很可能是盗贼离开时，散落在盗洞中的，王凯估计，狮子山汉墓早已经被盗墓贼捷足先登了。

王恺表示，任何一个考古工作者，当他辛辛苦苦找到了墓以后，最后证明这个墓被盗了，他心就凉半截，如果盗得惨了，那心更是凉得很。

徐州已经发现的其他几座汉墓，比如北洞山汉墓、驮篮山汉墓、东洞山汉墓等，盗墓贼都曾经不止一次"光顾"过，墓里存放的陪葬品都被盗掘一空，所有的文物荡然无存。由于找不到任何实质性的线索，比如印章，或者是其他刻有下葬者名号的器物，所以至今也不能确定这几座墓葬的主人究竟是谁。

盗洞的出现，意味着狮子山汉墓可能也是一座空墓，墓中文物被盗一空，也许就无法找到能够确定墓主人身份的线索，那么，兵马俑军阵凌乱不堪的谜团，有可能永远无法解开。

王恺表示，是不是还会再出点文物，或许盗墓贼还没有把东西都偷完，还会留下东西，我们就是这样希望的。

八、国家同意对主墓正式发掘

1994年11月，国家文物局同意大规模正式发掘主墓。

16日，考古队在狮子山村找了一所民居作为大本营，全体队员开始进驻狮子山，与考古队员激动的心情形成强烈对比的是，王恺的心里并不踏实，历经2000多年的地下宫殿，究竟还有多少东西留给后人呢？

考虑到发掘工作将异常艰辛，同时为了加强考古队的力量，徐州文化局派了一位年轻人——邱永生来协助王恺工作。

这一年邱永生只有30岁，毕业于南京大学考古系，别看他年轻，他在徐州已经参与发掘了多处汉朝墓葬，具有十分丰富的经验。他在发掘现场除了担任总指挥的职责外，还肩负一项重任，由于灵巧并且老练，发掘主墓室时，他将是第一个进入现场的人。

发掘工作正式开始，到元月十一日，主墓的外部结构已全部呈现在人们眼前。

挖掘继续进行，在和尚坐缸10余米的地下，考古队员们已经看到了主墓室的大门。

主墓室的门口堆放着几块巨大的条形石块，每块石头的重量估计有五六吨，考古人员都知道，这是下葬者为了防止主墓室被盗而用来封堵墓门的塞石，然而，塞石已经被拉了出来，而且上面还扔满了各种文物。考古人员估

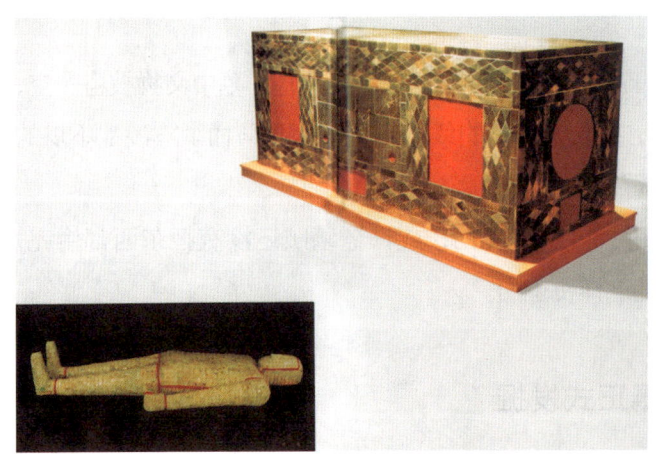

▲ 传说中的楚王玉棺和楚王金缕玉衣

计，这可能是盗墓贼所为。

邱永生称，盗墓者肯定通过主墓口进入到墓室里面去了。

每块被拉出的塞石上，都凿有一个类似"牛鼻眼"的东西，盗贼正是把绳索拴在牛鼻眼上，不知用了什么技巧，居然就把五六吨重的塞石拽了出来。

考古队员仿佛看到了盗墓者的活动：拉出塞石后，盗贼进入了墓室。墓室内很黑，他们手举火把乱翻一气，发现有价值的金器、银器，还有铜器全都不会放过，把墓室洗劫一空后，盗贼撤出墓室，最后远走高飞。

考古队员的心情再次跌落到了最低点，主墓室中可能真的空空如也。

虽然大家非常沮丧，但发掘工作仍得照常进行。

就在考古队员们清理塞石的时候，除了大量铜钱外，还在上面发现了玉璜，这是西汉时期的一种玉器，更令队员们的心狂跳不已的是，塞石上还出现了无数的玉片，在个别玉片上发现了缠绕在上面的金丝，专家推测，这些白玉应该是墓主人下葬时身上所穿的金缕玉衣的玉片。

邱永生解释，金缕玉衣我们现在看到的一般是皇帝才能用，另外，除皇帝以外，还有一些特殊功勋的军事将领，或者是一些特别分封的王，这在文献上有这种说法，只有经过皇帝的允许，经讨大的中央政府的特批，才能享用这种金缕玉衣。

金缕玉衣：汉时迷信玉能够保持尸骨不朽，更把玉作为一种高贵的礼器和身份的象征。玉衣是将许多四角穿有小孔的玉片，用金丝、银丝和铜丝编缀起来，分别称为"金缕玉衣""银缕玉衣""铜缕玉衣"。其中，金缕玉衣规格最高，大致出现在西汉文景时期。

中国最早发现的金缕玉衣是在河北的满城汉墓中，这里出土了两套金缕玉衣，它们属于汉朝的诸侯王——中山王刘胜及他的夫人。

在汉朝，徐州地区有资格在下葬时使用金缕玉衣的人，只可能是楚王，因为，他是当时皇帝分封在徐州的诸侯国——楚国的最高统治者。那么，这也就证明了，兵马俑的主人就是穿着金缕玉衣的这位楚王。

邱永生表示，发现金缕玉衣就意味着这个墓是楚王必定无疑，实际上兵马俑主人的身份已经被进一步确定了。

但历史上共有12位楚王，墓主人究竟是哪一位呢？从金缕玉衣上还无从获得答案。

玉衣是保护尸体的，应该放在棺椁中，然而狮子山的玉衣却在主墓室的门口被发现，这是什么原因呢？专家推测，可能是因为墓内光线太暗，是盗墓人将玉衣拖到了墓门口，一片片拆散，抽走了上面的金丝。

这些玉片，包括玉璜、玉璧都是名贵的宝物，为什么盗墓贼会不屑一顾呢？显然，这些玉器绝非凡品，它们都是王室标志性的器物，盗贼不敢拿走，即使把它们拿到外面也没有任何用处，不但无法换成金钱，还有可能招来杀身之祸。由此看来，盗墓的时间离下葬应该不会太远，这更加证实了墓主人的王者身份，但玉器虽然出自王室，却无法证明这位楚王究竟是谁。

把塞石上的文物全都清理干净之后，考古队员用起重机吊走了被拉出来的4块塞石，主墓室的大门露了出来，在剩下的3块塞石上，考古人员发现了异常。

每块塞石上都有一个小标签，标签上有许多用朱砂写成的字，仔细辨认，上面写的是："第乙下阳，东方二简"，原来这些标签是用来标明每块塞石应该放的位置。然而，考古队员们仔细观察之后却发现，塞石没有按照标签标明的位置来安放，"西方一"放到了"东方二"的位置上，似乎是工匠们知道4块塞石的大小差不多，所以胡乱往门口一放，只要能堵住墓门就行了。

塞石混乱放置的情形不能不让人想起俑坑中兵马俑军阵凌乱不堪的景象，

这两者之间肯定有必然的联系，混乱的背后必然存在谜团，一定发生了什么意想不到事件，才导致了这种情形。要揭开谜题，就必须确定墓主人是谁，看来寻找墓主人的任务更加迫切了。

就在清理主墓室门前的墓道时，考古人员却有了意外的发现：墓道两边各有两个石封门，封门的石头没有被破坏，专家估计，这些石头的后面应该是墓室，盗墓者可能没有发现这几个房间。

考古人员兴奋不已，在这四间没有被盗的墓室中，能不能找到证明墓主人究竟是谁的重要线索呢？

19日下午，考古队员们挪走了堵住墓室的石板，内墓道西侧的一间墓室被打开了。

石门打开后，邱永生第一个进去勘探。首先看到的是一大堆黑乎乎的东西，仔细看过后邱永生发现，这些可能是已经炭化的粮食，地上还有许多似乎是羊或者是鸡的骨头，另一侧放着许多铜器。几乎每一件铜器旁边都有一枚封泥，上面无一例外地印着"彭城丞印"几个字。

这种带字的封泥能不能够带来墓主人身份的信息呢？"丞"在汉朝相当于今天的副县长，彭城是当时楚国的都城，也就是现在的徐州，一个都城的副县长绝对不会是此墓的主人，专家猜测，他可能是墓主人的下属。

王恺解释，这封泥就是封东西的，我给谁送礼用封泥，就证明这个礼是我送的。

23日上午，有施工队员慌慌张张跑来报告，陵墓中发现了新情况，考古队员们马上赶往现场。

谁也没有想到，在内墓道的入口处，挖出了许多陪葬品，考古人员发现，这里似乎是一个人的墓葬，墓中人头北脚南，已经完全朽蚀了，但依稀能够看出地上有人体的形状。

考古队员分析，这应该不会是墓主人，楚王怎么可能会被葬在墓道上呢？

但这又会是谁呢？

在尸体脚下，专家发现了排成一排的五件铜鼎。

邱永生解释，按照等级制度，尤其是在周朝的时候，天子九鼎，诸侯王七鼎，士大夫五鼎，士三鼎，都是有讲究的。

尽管用鼎的制度汉朝没有周朝严格，但同样能够说明问题，这个人能够使用五鼎，他的级别可不低。

在尸体旁，发现了一枚官印，上面刻着"食官监印"几个字，看来这就是此人的官衔了。

食官监在汉朝王宫里是专门负责饮食的官员，一个负责饮食的人都能按士大夫的级别来下葬，而且只能躺在过道上，似乎是在看守大门，足以

▲ 出土的铜鼎

▲ 尸体旁发现有一枚官印

▲ 纹路清晰可见的玉杯和晶莹剔透的玉耳环

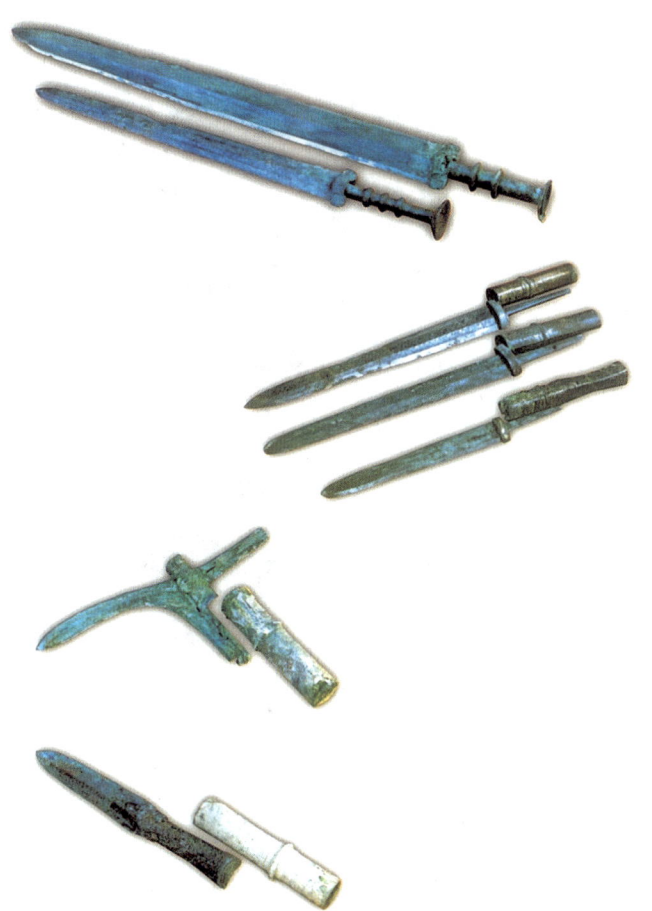

▲ 陵墓中出土的青铜剑、青铜铍、青铜戈、青铜矛（由上至下）

显示出他的主人显赫的地位。

邱永生称，实际上他是作为楚王墓的一个陪葬墓，即墓中墓。

1月18日，考古队员打开了墓道西侧最后一间没有被盗过的侧室。

在这间侧室的地面上，考古队员们发现了大量的铁制兵器，另外还有琳琅满目的玉器，最精美的当数玉耳杯和玉盖杯。更让人兴奋不已的是，在地上还发现了两副纯金打造的金带扣。

邱永生称，从它的工艺、图案来看，都是高等级的贵族才能享用的，而不是一般的贵族能够使用的。在徐州地区，在汉朝能够使用它的最高级别的贵族就是楚王。

九、夜探主墓室

2月25日，陵墓的外围已经全部清理完毕，下一步就要进入主墓室了，考古队召开了一次会议。领队决定让邱永生第一个进入主墓进行探查，每次要进入墓室探测，邱永生都很兴奋，因为他将最先看到许多从未见到过的东西。进入主墓室并不困难，因为墓门已经被盗墓贼拉开，他可以从那里进去。

考古队对这次行动非常重视，因为，进入一个2000多年前的古墓，时时刻刻都存在着危险。这种在山中开凿的古墓，随时会有塌方的可能性，古墓被封闭千年，里面的空气很可能会对人体有害，古墓之中，还会有蛇或者蝎子来筑巢，而且民间传说中，帝王墓里可能还会有一些危险的机关。

▲ 主墓室的大门露了出来

因为白天有成百上千的人围观，这一行动被安排在了晚上。

邱永生回忆，记得是很黑的一个天，时间是在9点以后进入墓里进行探查，天黑，很冷，刮了一些风，我当时进去，也是有一些担心的。

几名考古队员把邱永生送到了墓门口，大家把一根电缆紧紧绑在了邱永生的腰上，双方约定，一旦邱永生在洞内遇到不测，就猛抖电缆通知洞外，外面的队员就像拔河一样把他拽出来。一切准备就绪，邱永生开始进入主墓。

邱永生回忆，当时进去的时候我觉得自己是憋足了一股气进去的，我知道里面可能有一些有挑战的东西。

邱永生一步一步，慢慢地摸索着往前走。他发现，狮子山王陵有些地方的石质并不是太好，有的墙壁似乎不是石头，好像是硬泥，这样的古墓千年来被流水侵蚀，还有可能受到地震的破坏，塌方的可能性就更大了。

脚下非常泥泞，邱永生继续往前走。

邱永生回忆，爬了大概10多米，腰是直不

狮子山王陵： 1995年发掘，曾被评为"九五中国十大考古发现之首"，并与其他7座楚王墓的发掘一起荣获"20世纪中国百项考古大发现"。墓中出土的金缕玉衣为目前中国出土的玉衣中玉质最好、制作工艺最佳的。

▲ 做工精美的玉龙佩（左二）；出土的双龙玉佩（右一）

起来的，看到里面情形，有一点恐怖的感觉，有好多的树根穿透了墓室长到里去了。

邱永生继续往前走，不时用灯照照周围，观察洞中的情况，在两边的墓室中，他看到了许多从墓顶落下的成堆的泥土。有的墓室中泥土要薄一些，但异常的阴冷潮湿，这种环境，是蛇、蝎子、老鼠最容易出没的地方。在一些墓室中，可以看到泥下埋有许多各种形状的东西，在被水冲刷过的地方，露出了一件晶莹剔透的玉龙，这时候已经走了20多米了。

邱永生回忆，头顶上墓道里面，从裂隙里往下滴水的声音，这些都能听得清楚，同时能听到的是自己的心脏，心脏跳动的声音，自己都能感觉得到。

再走几步，邱永生已经接近了墓室的最深处，他知道，这附近就是放棺椁的地方，墓室里棺材的情况到底怎样，是这次探查最核心的问题。

邱永生知道越靠近棺椁，危险越大，民间传说中的机关，像弓箭，还有空中落下的巨石，很多就在棺椁附近，而且，尸体以及各种陪葬的有机物腐烂后，有可能会形成有毒的气体。

邱永生回忆，我看到棺材的形状已经不存在了，但在放棺材的地方发现了好多发白的、白花花的条形物体，我进一步走近一看，它是骨头、骨骼。

仔细看过后，邱永生看清楚了，地上有脊椎骨，有大腿的股骨，还有下颌骨，但特别散乱，已经不是一具完整的尸骨，似乎是被什么人拉动过了。

从探查的情况来看，邱永生在主墓室中看到的骨头，会不会就是墓主人的尸骸呢？如果是，在尸骨旁边，有没有能够证明他身份的线索呢？比如金印一类带有文字的证据，然而，邱永生没有看到金印的踪迹。

邱永生认为，墓主人的金印十有八九已经被盗墓者拿走了，作为楚王来讲，除了他的官印之外，应该还有私印，我们有没有可能找到他的私印呢？或者从其他的文物上面，比如说铜器，或者其他银器，或者木简，有可能有文字出现的地方，我们一旦知道他的年号，那我们对墓主人这个楚王到底是第几代，就有可能确定下来，应该说希望是大大增加了。

邱永生夜探主墓，初步了解了主墓内部的结构以及各间墓室的情况，打开主墓大门已经指日可待。

十、正式发掘主墓室

1995年2月21日，组织了两个工程队，动用了撬杆、钢丝绳、卷扬机，甚至是起重机，费了九牛二虎之力，才把封堵墓门的十几个五六吨重的塞石移走，不敢想象，2000多年前没有现代工具的古人是怎么把他们弄到墓中来的，就此封闭2000多年的地宫被彻底打开了。

但清理工作不能直奔停放墓主人的后室，必须耐住性子，逐步推进，考古队开始清理通往后室的甬道以及周围的侧室。

在一间清理后的侧室中，考古队员们看到了让他们大惑不解的现象，墓室的墙壁有的地方比较粗糙，似乎只是用凿子进行了开凿，但有的地方却完全不一样，已经显得很平整，显然是凿过之后又进行了加工，为什么同一面墙壁既有粗糙面又有平整面呢？地宫中还有很多墓室的墙壁都只是进行了粗

▲ 狮子山兵马俑一号坑出土情况

凿，根本没有经过进一步的修整，专家猜测，这些墙壁显然没有达到事先设计的标准，它们都应该是平整的，但为什么没有彻底做完呢？

地宫中大多数房间大小都差不多，凿入岩石中的进深都达到了四五米，然而在甬道的东侧，考古人员却发现一间莫名其妙的房间，它的高度、宽度与其他的侧室一致，进深却勉强只有1米，这样浅的房间装不了什么陪葬品，专家猜测，这可能是一间没有来得及凿完的墓室。

为什么居然还有墓室没有凿完，为什么很多墓室的墙壁没来得及加工平整，这些和兵马俑军阵的凌乱非常相似，2000多年前，在墓主人身上到底发生了什么事件呢？

考古队员们来到了甬道东面的最后一个侧室，这里就是邱永生看到尸骨的地方，紧挨着东墙，考古队员终于见到了最受关注的遗骸，他会是楚王吗？

地上的骨头到处散落，在地上还发现了一些堵塞七窍的玉石，都做成了子弹头的形状，专家估计，这可能是盗墓贼所为，盗墓贼扯下了金缕玉衣到洞外去挑拣金丝，尸骸也就被抖得七零八落，身穿玉衣的尸骨应该就是楚王，专家推测，这些尸骨应该就是楚王的遗骸。

从尸骨上已经无法获得楚王是谁的答案，但大家并没有放弃搜寻，因为有很多东西都还埋在泥土之下。但令所有人大失所望的是，考古队员在地上没有找到他们最想得到的东西。

王恺称,最想看到的是楚王的金印,或者是玉印,或者是银印,能够说明楚王姓甚名谁的印,全都没有了,都被人掳走了。

就在清理尸骨的过程中,考古队员隐隐觉得好像有什么地方不对,尸体出现的位置似乎不正常。一般西汉早期的王室墓葬,棺椁都停放在后室,然而,发现骸骨的地方却是后室前面的一间侧室,尸体停放的位置根本不对。这在讲究礼仪的中国古代,是不可想象的,为什么会出现这么大的纰漏呢?

在发现尸骨的墓室附近的甬道上,考古队员发现了邱永生探查时没有看到的东西,在泥土下,考古人员发现了一种玉片,它们不像是金缕玉衣的玉片,因为金缕玉衣都是羊脂白玉,而这种玉片是墨绿色的,形状也不同,有长方形的,更多的是菱形和三角形的,玉片的块也要大得多。

这些玉片是干什么用的呢?

随着这种墨绿色玉片出现越来越多,考古队员猜测,它们应该是棺椁上镶嵌的玉片,也就是说,墓主人下葬时使用的棺材可能是一具玉棺。

邱永生称,玉棺当然是楚王,在这个墓里能够使用玉棺,或者在徐州或

▲ 出土的玉豹,雕刻精美,栩栩如生

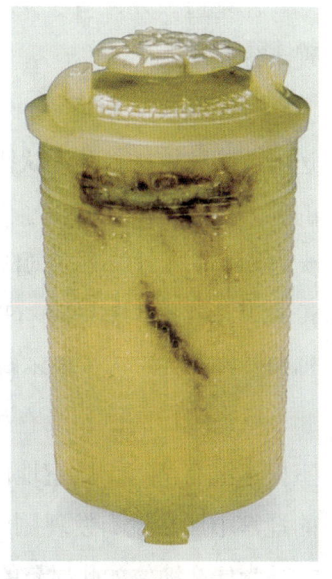

▲ 楚王陵墓出土的玉卮

徐州周边地区能够使用玉棺的人一定是王的身份。

玉棺的发现，再次确认了墓主人必定是楚王无疑，然而，究竟是哪一位楚王，还是无从知道。

在甬道的尽头，是地宫的最后一间墓室——后室，这里才应该是放棺材的地方，却只是发现了一些乐器，考古队员在清理后室的时候，又发现了异常。

后室的地面凹凸不平，两边高，中间低，显然根本就还没有凿平。在后室的东北角，有一块凹进去的地方，似乎还准备继续向北开凿。

这说明了什么问题呢？考古人员推测，这里可能并不是真正的后室，石壁的后面，可能还准备修建更多的房间。

发掘全部完成后，考古人员再回过头来全面审视整个楚王陵地宫时，又发现了一个特别明显的漏洞，建筑面积达到850平方米，有十几个房间的楚王陵地宫，却没有发现供楚王使用的厕所。

在徐州地区已经发掘的其他早期汉墓中，厕所是最常见的设施。在汉朝，人们认为人死了，只不过是换个地方继续生活，所以在人间的一切，都要在地宫中得到反映，厕所问题尤为重大，怎么能够不解决呢？

在墓道口外，考古人员看到了几块巨石，他们发现，这些巨石在这里出现十分反常。

按照西汉早期墓葬的特点，连接墓道口的应该是一个斜坡，这样便于运送陪葬品和棺材入葬，驮篮山汉墓就是如此。而狮子山汉墓墓道口前30米长的斜坡实际上已经凿出了雏形，本来完整的岩石已经被分割成一块块孤立的大石块，石头上还带有明显的凿痕，看样子是准备用来作塞石的，但石块还没来得及移走，斜坡没有最终完成。为什么已经准备运走的石头却还留在原地呢？这同样让人大惑不解。

墓道门口的巨石没有移走，大多数墓室的墙壁没有加工平整，有一间墓室根本没有凿完，后室地面凹凸不平，而且还有继续向后开凿的趋势，偌大的地宫中居然没有发现厕所，种种迹象表明，楚王陵地宫根本就没有彻底完工，为什么地位如此显赫的楚王却葬在了一个根本就没有完成的陵墓中？

会不会是因为陵墓没有建成，楚王就突然去世了呢？还是因为工程浩大，没有经费最终完成地宫呢？这两种猜测都可以解释楚王陵没有完工的原因，却无法解答兵马俑军阵仓促放置的谜题，因为兵马俑的摆放不需要花费很长时间，楚王突然去世和工程经费不足不至于使兵马俑摆放混乱。这种种反常现象的背后一定还有更加复杂的原因，会不会是王室发生了政变，宫廷权力之争的结果呢？2000多年前的徐州必定发生了什么重大事件。

然而，在所有已经发现的文物中，没有找到任何可以说明墓主人究竟是哪位楚王的直接证据，这不能不说是一个巨大的遗憾，不知道墓主人是谁，就无法解释楚王陵中的种种异常，就无法知道兵马俑军阵摆放凌乱的原因，难道这将成为一个永远的谜团吗？

专家推测，墓主人死后大约100年，盗墓人想方设法进入了这座地下宫殿，火把照射之下玉棺安然无恙，盗贼大喜过望，随手拿起陪葬的铜剑、铁矛等工具，或砸或撬，打开了玉棺，盗墓人一眼就看中了墓主人的金印，他们把金印和其他宝物卷在一起，匆匆离开了墓室。

能够直接证明墓主人是谁的最重要证据已经被盗墓贼席卷而走，难道面对如此巨大的一个陵墓，考古人员就无从知道墓主人是谁吗？

在狮子山汉墓中，考古人员发现了金缕玉衣片，经过修复，一件奢华精美的金缕玉衣出现在人们眼前。

考古人员在墓中还发现了一种墨绿色的玉片，把这些玉片拼在一起，原来是一具华美的玉棺。金缕玉衣和玉棺都代表了一种等级，不是任何人都可以用的，这说明墓主人绝非寻常的富贵人家。

另外，墓中还发现了许多精美绝伦的玉器，像玉璧、玉龙、玉璜、玉冲牙、玉盖杯等，还有两副纯金打制的金带扣，每一件都是无价之宝，这些东西也绝不是一般贵族能够使用的。西汉时期，徐州地区有资格使用这些东西的人只有可能是楚王，但刘姓楚王共有12位，到底是其中哪一代却不得而知。

没有直接的证据，能不能另辟蹊径，通过对墓中发现的文物进行研究，从而推断出墓主人是谁呢？考古人员马上付诸行动。

最有力的物证就是骨骸,在骨骸中能不能找到线索呢?

这些尸骨从阴冷的墓室中被移到了徐州医学院法医司法鉴定所的实验室中。

邱永生回忆,当时从我的角度来说,有一个非常强烈的想法,能不能通过楚王的遗骸,鉴定出一些非正常死亡的原因,比如说外伤、死于毒药。这样我们可能跟西汉早期的个别楚王的死因对比,看是否能找到重合的地方。

每一块骨头都经过了仔细的研究。徐州医学院的蔡红星副教授发现,这堆骨骼来自同一个人,没有掺杂其他人的尸骨,这是一具男性的骸骨,身高为1.73米左右,年龄为35岁左右。

蔡红星表示,根据检测结果,死亡的原因,我们排除了骨性的损伤,排除了可能存在的疾病,关于中毒的问题,使用目前的手段检测还没有发现。

从骸骨上没有找到非正常死亡的痕迹,从而无法与史书的记载相比照,

▲ 玉冲牙(左一);镂空凤鸟纹玉璜和镂空螭虎玉饰(右二)

▲ 北洞山楚王陵出土的鹅形金带钩和蛇形金带钩

也就不可能推断他会是第几代楚王。

这条线索断了,考古人员只能再找其他途径。

十一、墓主人到底是谁

在清理主墓室门口时,考古人员曾经发现了许多陪葬的铜钱,而且铜钱的数量非常大。专家估计,这大量的铜钱,不可能是无意中掉落的,多半是盗墓者盗出后故意扔掉的。为什么盗墓贼居然连钱都不要了呢?

这一天,考古人员从文物仓库中取出了铜钱。

考古人员发现,虽然铜钱的数量达到了17万枚,但这些铜钱全都是西汉早期的"半两"钱。这种钱在西汉后期就废弃不用了,专家由此推测,盗墓时间可能就在西汉后期,盗墓贼在漆黑的地宫里发现了大批铜钱,以为自己发大财了,辛辛苦苦拖到外面一看,原来都是过期的钱,因此扔得主墓室门口的墓道上到处都是。

这些铜钱对盗贼无用,但对专家来说却意义非凡,研究这些铜钱的使用时期,不就可以知道墓主人生存的时代了吗?

王恺称,半两钱是在汉武帝元狩五年之前流行的一种钱,到了汉武帝元狩五年之后,铸造5铢钱,这墓里全部出的半两钱,说明下葬时间肯定是汉武帝元狩五年之前。

汉武帝元狩五年就是公元前118年,从刘邦建立汉朝到公元前118年这段时期内,共有5代刘姓楚王在位,他们是第一至第五代楚王。墓主人的范围一下子被集中到了5个人身上。

在这五个人中,怎样才能再缩小范围呢?考古专家突然想到了印章,能不能从中发现线索呢?

▲ 陵墓中出土的鎏金铜钫

邱永生解释，每个印章上面都会有文字，墓主人楚王能确定到哪一代，这个文字很重要。

在发掘陵墓的过程中，曾经发现了200多枚印章，专家猜测，这些印章应该属于墓主人的下属，主人死后，他们将自己的印章复制一个送来作为陪葬。从印文看印章分三类，一类是楚国宫廷官员的，像食官监印；一类是楚国军队中的各类武官，像楚司马印。

还有一类印章引起了考古专家的注意，它们是楚国下属郡县的官吏，像卞之右尉、蓝陵之印，这些印章能够说明楚王在位时楚国属下有几个郡县。

《汉书》上记载，公元前154年，楚国参与了反叛中央政权的"七国之乱"，叛乱被中央政府平定之后，楚国的疆域也被大大削减了，东海郡和薛郡被收回，不再是楚国的领地。

考古人员知道，通过研究这些下属郡县的印章，不就能知道楚王陵下葬的时间是在楚国疆域变化之前还是变化之后了吗？

墓中发现的印章摆到了考古人员的面前，专家们开始一枚一枚仔细搜寻。

果然，考古人员发现，其中有东海郡和薛君官员的印章，兰陵之印、海邑左尉就是东海郡官吏的印章，而卞之右尉则是薛郡管理的印章。

王恺称，这个墓里出土的仍有东海郡和薛郡的印章，说明这个墓的下葬时间是在公元前154年之前，最晚也就到这个时间。

第四代楚王的在位时间是在公元前154年之后，楚国的辖区已经没有东海郡和薛郡，因此，第四代、第五代楚王可以排除掉，狮子山汉墓的墓主人还剩下三个人。

研究工作仍在继续，专家们在《水经注》中又发现了线索。书中记载："获水又东径同孝山北，山阴有楚元王冢"，同孝山，就是今天的楚王山，离狮子山有几十千米远，经过考察，山上确实有一座汉初的大墓。

邱永生称，第一代楚王，即楚元王刘交的墓已经明确了，在今天的铜山区夹河乡，叫楚王山这么一个地方。

这样墓主人的范围就缩小到了两个人身上。那么，在第二代和第三代楚王之中，到底谁是这座巨大陵墓的主人呢？

王恺说，第二代楚王叫刘郢客，是刘交的儿子，他在位4年，按照一般的惯例，头年即位，第二年建墓，所以他只有3年的时间建墓。

狮子山楚王陵总长117米，总使用面积850平方米，开山凿石量达到了5100立方米，有庞大的天井和11间墓室，建筑规模十分宏大。

有人曾专门测算过，以当时的生产工具和技术条件，建成这座陵墓至少也需要10余年的时间，第二代楚王在短短3年内不可能把陵墓修建到如此规模。

第二代楚王是陵墓主人的可能性也不大，现在只剩下最后一个人了，也就是第三代楚王，根据史书记载，他的名字叫刘戊。

刘戊的祖父叫刘交，是汉高祖刘邦的弟弟，刘邦建立了汉朝以后，把天下划分为几个诸侯国分封给自己的兄弟，刘交被封为楚王，也就是第一代楚王，刘交的子孙世袭王位，刘戊作为第三代楚王，和当时中央政府的皇帝——汉景帝是堂兄弟，地位非常显赫。

刘戊在位20年，这段时间正是汉朝"文景之治"的繁荣阶段，是楚国国力最强盛的时期，百姓安居乐业，因此他有充足的财力和时间来为自己建造一座大规模的陵墓。

据专家介绍，古代帝王陵墓的建造，会根据墓主人身体的健康程度来安排修建的进度，墓主人身体健康，可能会继续扩大陵墓的规模，墓主人患病或衰老，陵墓就该做精加工，等待墓主人入葬了。

如果这座陵墓的主人真的是刘戊，他有近20年时间修建和营造，为什么地宫中却还有这么多地方没有最后完成呢？专家推测，这座陵墓可能还在扩大规模阶段，并没有进入精加工阶段。

墓中骨骸的年龄在35岁左右，属于壮年，会不会因为暴毙，所以陵墓没来得及修完呢？但又该如何解释兵马俑陪葬坑中出现的异常现象呢？墓主人突然死亡会使陵墓无法完工，但肯定不会导致兵马俑的混乱放置。

专家们开始从史料中寻找线索，据班固的《汉书》记载，汉景帝二年（公元前155），薄太后去世，举国服丧。作为当时一个十分强大的诸侯国——楚国的国君,唯我独尊的楚王刘戊根本没将此事放在心上,公然在太后的丧期内,肆无忌惮地淫乱享乐。这是封建礼制绝对不能容忍的。

后来有人把这件事秘密地告发给了汉景帝,朝中的大臣们强烈要求杀掉刘戊,会不会是因为刘戊得罪了中央政权,对刘戊陵墓的修建以及下葬就可以仓促了事了呢?

肯定不是这个原因,因为汉景帝顾及刘戊和自己是堂兄弟,最终没有同意大臣们杀掉楚王的建议,刘戊并没有死,他的地宫仍然在按部就班地修建。

然而,就在埋葬楚王的地宫中,专家们发现了更加让人无法理解的现象。

古人放棺椁的地方通常地势要略高一些,形如一张床,所以后来就以棺床称呼放棺椁的墓室。楚王陵地宫中棺床的位置特别不合礼仪。

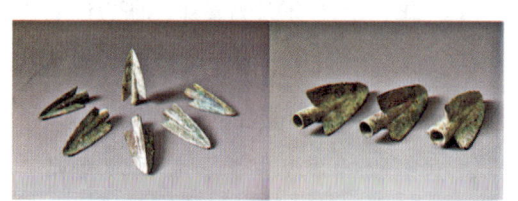

▲ 狮子山楚王陵墓出土的形式各样的箭镞

邱永生称，这个墓的棺床放的位置确实有异于正常情况下那种摆放方式，从文献记载以及我们发掘的大量王侯墓葬来看，它应该实行前堂后室这种方式。

所谓前堂通常表示死者接待宾客的场所，后室则是放棺椁的地方以表示主人的卧室。楚王陵却奇怪地把棺放在了前面，厅堂则放在了后面，这就仿佛是说，要接待的客人必须经过主人的卧室然后才能到达厅堂，这明显是一个漏洞，为什么会出现这样的问题呢？

在后室靠近西北角的石壁上，考古人员发现了一条裂缝，专家推测，这可能就是棺材不能放在后室的直接原因，这条天然形成的缝隙往下渗水，所以棺椁只能放在前堂了。

一条石缝就让楚王屈居于侧室，就可以不顾王室礼仪，说明发生在刘戊身上的事件一定非同寻常。

显然，刘戊死后不能等，必须马上下葬，只有在如此匆忙的情况下，才可能出现连后室的缝隙也来不及修补的情形，更不用说继续向后开凿新的房间了。

十二、七国之乱

专家们从《汉书》中了解到，汉景帝虽然没有同意大臣们杀掉楚王的建议，却决定减少刘戊的管辖范围，并降下圣旨，楚国下属的东海郡归中央政府管理，不再是楚国的地盘，但就在圣旨到达楚国的同时，楚王刘戊收到了另外一封信函，吴王准备反叛中央政权，邀请他一同造反。刘戊立即响应了吴王的建议，与吴王一起，发兵攻打中央政府，这就是历史上著名的汉初"七国之乱"。

汉景帝派兵镇压，大败七国联军，吴王被杀，其余各王或降或死，全都身败名裂。刘戊也不得不自杀身亡。

刘戊造反自杀，已经是犯了弥天大罪，楚王家族如果不采取措施，必然要受到牵连，如何能把牵连减小到最低程度呢？楚王家族必须想出办法来，最好是既能保全家族的利益，又能维护中央政府的荣誉。

《汉书》中关于刘戊的记载到他自杀之后就没有了，后来发生的事情，专家们只能根据此前的历史记录大胆进行推测，如果推测准确的话，我们大致可以描述出这样的画面。

楚王有一个庞大的家族，刘戊有兄弟6个，而且这6人非王即侯，地位不可等闲视之。刘戊死后，楚国一方面向中央政府请罪，让中央王朝对刘戊低调处理。而另一方面就在向中央政府请罪的同时，趁处罚意见还没有出台，楚王家族利用长安至楚国1000多千米之遥，消息不通之机，匆匆以王者之礼抢先一步将刘戊下葬，给中央王朝来一个"既成事实"。

邱永生认为，中央政府应该考虑了方方面面的因素，政治上的，血缘上的，所以对他网开一面，当时他生前所准备好的一些东西，或者他应该享受的级别也让他能享受得到。

楚王的葬礼确实不能等了，一时间，王宫内外乱成一片，整个家族都在准备陪葬品，就在这样的背景下，楚王以尽可能快的速度被匆匆下葬了，修了近20年的地宫最后也没有完成，棺椁也就只好放在了一个临时的位置上。

但是，中央政府有可能同意刘戊下葬时使用金缕玉衣和玉棺，却绝不会允许他使用兵马俑来作为陪葬，刘戊已经是一个叛贼了，同意他使用兵马俑，让他在地下还能带兵，这不等于鼓励其他的诸侯王继续造反吗？

邱永生想，会不会存在一种可能性，比如跟随他造反的这些故臣旧友，他的部属，有没有可能偷偷地来掩埋兵马俑？

在这种偷偷掩埋的情况下，陪葬坑中的兵马俑也就只能仓促摆放了。

当时的真实情形谁也无法知道了，只剩下合理的推测，也许，这就是狮子山兵马俑摆放凌乱不堪的原因。

这就是经历了许多惊心动魄事件的楚王刘戊。在汉书上留下名字的人就是他，2000多年前的显赫已经无迹可寻，只剩下枯骨一堆。

医学专家依据保存下来的头骨，成功地复原出这位楚王的容貌。通过对种种已经发现的证据进行分析，大多数研究人员认为，这座巨大地宫的主人很可能就是刘戊。

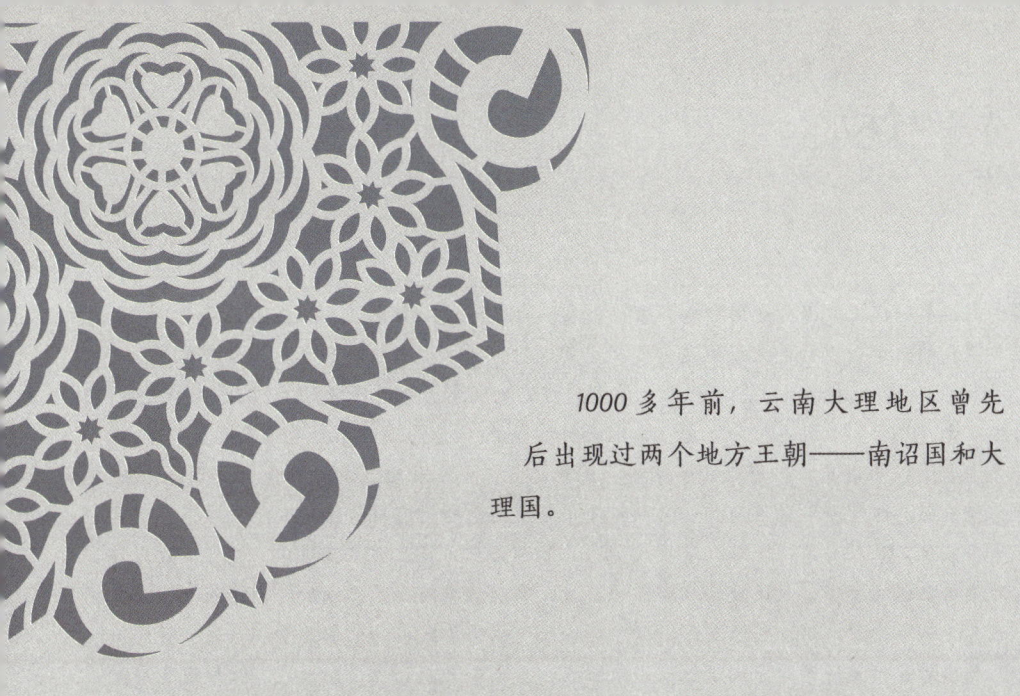

1000多年前,云南大理地区曾先后出现过两个地方王朝——南诏国和大理国。

消失的王陵

隋末唐初,在今云南省大理市的洱海周围及哀牢山、无量山北部地区,分布有乌、白蛮众多部族和部落,其中有6个势力最大的乌蛮部落(彝族先民),史称"六诏"("诏"之意即王),即蒙舍、蒙嶲、浪穹、邓赕、施浪及越析;或称"八诏",则加石和、石桥二诏。其中蒙舍诏因地处南方,故亦名南诏。

649年,蒙舍诏首领细奴逻建"大蒙国",自称"奇嘉王",臣属于唐,遣使入贡。武则天时,细奴逻之子逻盛亲自入朝。南诏最早的三代国王先后定都龙于图(今云南省巍山西北)。至唐玄宗时,逻盛之孙皮逻阁在唐的扶持下统一六诏,迁都到苍山脚下的太和城(今云南省大理市南太和村),779年又迁羊

▲ 南诏始祖细奴逻

细奴逻：南诏第一代王。据《南诏野史》《僰古通纪浅述》等史籍记载，细奴逻为九隆之后。九隆五族牟苴笃的三十六世孙即为细奴逻，其父名蒙迦独，又名龙迦独和舍龙。其母摩黎羌，名沙壶，居哀牢山下，以捕鱼为生。有一天，沙壶到河边浣衣，忽触顺河漂来的一沉木而有身孕，过十月生下十个儿子。后沉木化为一龙浮出水面对沙壶说："你为我生子，今儿子还在吗？"九个儿子见龙都受惊而逃离，只有小儿子不走。龙舐其背，小儿子坐在龙的脊背上，名曰九隆。九意背，隆意坐。这九隆即独罗消，一名细奴逻。独罗消出世时有祥异，被哀牢王嫉恨，恐其长大后争夺王位，派人去杀他。仆人急中生智，杀了一条狗，将其藏在狗腹中，遮住其红光异彩，然后抱出自己的亲子细奴逻献给哀牢王的使者，事后独罗消即易名细奴逻，于唐太宗贞观初年，随其父避难于蒙氏川，耕于巍山之麓。后细奴逻成为蒙氏川乌蛮部落首领。巍山蒙氏川乌蛮部落属唐封首领大将军建宁国王张乐进求所辖，后张乐进求让位于细奴逻。细奴逻于唐太宗贞观二十三年（649）即位，建号大蒙国，自称奇嘉王。

太和城：太和城遗址位于大理古城以南7千米的太和村西苍山佛顶峰麓。遗址西起佛顶峰，以南延伸至洱滨村，长3350米，以北延伸至洱海岸边，长3225米，全城面积约3平方千米，一直到明朝后才逐渐荒废，现在保留着一些断壁残垣。太和城曾经是古代南诏国的都城，739年迁都于此，经过南诏几个朝代的建设逐渐形成了一个大城池，直到779年，异牟寻迁都羊苴咩城，太和城才逐渐荒废下来。作为当时南诏国都，它是南诏前期的政治、经济、文化中心。

羊（阳）苴咩城：位于点苍山的中和、龙泉两峰下，西依苍山为屏障，东据洱海为天堑，以挑溪和龙溪为天然"护城河"，沿两溪内侧用土夯筑南北两道城墙。羊苴咩城早在六诏并存时期就是洱海西岸较大的城镇，已具有城市的雏形。南诏统一六诏后，阁逻凤于764年曾加以修建。779年，南诏王异牟寻迁都羊苴咩城，直到902年南诏灭亡。9世纪中叶，羊苴咩城就被称为大理城了。羊苴咩城作为王都从南诏至大理国及至元总管府，共历时497年。明洪武十五年（1382）筑大理府城后，羊苴咩城逐渐废弃。羊苴咩城遗址现存北城墙残垣一段。西起中和峰北麓，向东延伸约1千米，保存较好的城墙高出地面6~7米。至于南城墙，据史料记载在龙溪北侧已无迹可寻。

阁罗凤：即阁逻凤（712—779），南诏云南王皮逻阁的长子。开元二十六年（738），皮逻阁为了统一洱海地区，令其统兵出征，屡建战功，代父监国，政声斐然。唐朝受其右领军卫大将军，兼阳瓜州刺史。开元二十年（732），阁逻凤进攻越析诏残部，立大功，唐朝加封为"上柱国"。天宝年间（748），皮逻阁逝世。748—779年，阁逻凤在位，取姚州及附近夷州33处，合并东爨和西爨，完成云南各部的统一。天宝十年（751），击败鲜于仲通于西洱河，与唐绝交，归吐蕃。大历元年（766）立《南诏德化碑》于太和城（今大理市太和村）。

（阳）苴咩城（今云南省大理市）。738年，唐赐名皮逻阁为蒙归义，封云南王。皮逻阁及其子阁罗凤即以洱海地区为中心，发展其势力，向东消灭踞有今云南中部、东部和南部的爨氏，向西南囊括今澜沧江以西的寻传、朴子、望苴子等族地区。

南诏之统一六诏，本由唐朝促成。统一后，南诏向外扩张。时唐设置姚州（今云南省姚安县北），建安宁城（今属云南省），向今云南各地发展势力，与南诏发生矛盾冲突。玄宗天宝年间，唐朝开始抑制南诏的扩张。但剑南节度使鲜于仲通、云南太守张虔陀等贪狯无谋，进一步激化双方矛盾。750年，阁罗凤发兵攻陷姚州，杀虔陀，遂背唐而附吐蕃。752年，吐蕃封之为"赞普钟"，意为吐蕃王之弟，给金印，号称"东帝"。时杨国忠为唐相，调全国各地兵十万征讨，但为南诏所败。其后安史之乱起，吐蕃东进，唐无力应付西南，南诏乘机扩展疆土，控制今四川省大渡河以南，包括今四川省西南部、云南省全部及贵州省西北部的广大地区。

阁罗凤孙异牟寻时南诏势力最盛，曾以二十万兵力与吐蕃并力攻袭剑南西川。吐蕃以南诏为属国，向其征发兵、赋，又派兵驻其境，南诏王异牟寻不堪其扰。787年，唐剑南西川节度使韦皋不断进行争取南诏的工作。789年，吐蕃与回鹘争夺北庭，征发南诏兵力，引起南诏不满。794年，南诏终于与吐蕃决裂，与唐恢复盟好，并与唐联军大败吐蕃，异牟寻接受唐的"南诏王"封号。

南诏晚期，由于频繁发动战争，赋役繁重，生产凋敝，各种矛盾激化。897年，南诏王隆舜只知畋猎饮酒，不理国事，为其臣杨登所杀。902年，权臣郑买嗣（郑回七世孙）利用民怨沸腾之机，杀死南诏王舜化真，夺取王位，另建政权，南诏亡，历时250余年。

南诏国的时代过去后，大理国立国并沿用了南诏的都城。后唐明宗天成三年（928），杨干贞灭郑氏，拥立赵善政，改国号为"大天兴"。天兴国存在仅十个月。杨干贞即废赵氏自立，又改国号为"大义宁"。杨干贞"贪虐无道，中外咸怨"。后晋天福二年（937），通海节度段思平（白族先民）以"减尔税粮半,宽尔徭役三载"为口号,联合滇东37部的反抗势力,驱逐杨干贞,自立为王,改国号为"大理",亦即段氏大理。大理国立国并沿用了南诏的都城,政区亦与南诏相当。在苍山洱海一带大理国的都城又伫立了300余年。直到1253年,忽必烈攻占云南地区,南诏和大理国500多年的历史才最终结束。

火葬墓: 中国从古至今,人死后,主要有四种葬式:火葬、土葬、天葬、水葬。火葬即将尸体进行火化,然后将骨头和骨灰装在瓶罐中,埋在地下。

自19世纪和20世纪考古学在欧洲和中国兴起之后,国内外很多考古工作者都在关注南诏和大理,希望通过考古发掘发现南诏国和大理国王族的古墓葬,从中折射和反映出当时南诏和大理国地方政权的政治、经济、文化上的一些情况。人们在以往的考古发掘中曾在大理地区发现过大量的火葬墓。这些墓穴中只有一个装着死者骨灰的火葬罐。然而,令人感到奇怪的是,南诏国和大理国王族的火葬墓至今在大理苍洱地区毫无痕迹,甚至连一点蛛丝马迹也无从发现。

根据有限的资料,人们得知唐朝南诏国和宋朝大理国王族与中原历代王朝王族的葬俗不同。这同佛教的盛行大有关系。佛教在南诏时传入云南,至大理时盛行。南诏蒙氏王族不仅提倡佛教,而且信奉三宝。大理崇圣寺及三塔即为南诏时所建,至今仍矗立于苍山之麓。大理统治者以好佛,对佛教在云南的传播有深远影响。段思平岁岁建寺,铸佛万尊。据《南诏野史》载,大理段氏22传,竟有8人避位为僧,这在中国历史上是罕见的。正因为信奉佛教,南诏大理

▲ 大理国大黑天神铜立像

▲ 具有典型唐塔风格的云南大理崇圣寺三塔

国的丧葬制度反中原王朝棺葬的习俗而实行火葬。

唐朝樊绰撰著的《云南志·蛮夷风俗第八》对南诏王族及乌蛮的丧葬做了生动具体的记载："西爨及白蛮死后，三日内埋殡，依汉法为墓。稍富室广栽杉松。蒙舍及诸乌蛮不墓葬。凡死后三日焚尸，其余灰烬，掩以土壤，唯收两耳。南诏家则贮以金瓶，又重以银为函盛之，深藏别室，四时将出祭之。其余家或铜瓶铁瓶盛耳藏之也。"《云南志》所记述的白蛮即今天的白族的先民，在唐朝和唐朝之前，一直"依汉法为墓"，实行棺葬。宋朝，由白蛮段氏贵族建立大理国地方政权后，崇奉佛教，大理国王族及白蛮依佛教葬俗，也实行火葬。

从文献记载来看，当地一直流传的关于国王的陵墓使用金瓶（黄金打造的火葬罐）的传说似乎并非子虚乌有，南诏大理国的王陵似乎也是存在的。1300多年来，有关南诏、大理王族的金瓶银函从不见史料披露，它们究竟哪里去了？那曾经的王朝又有着怎样的辉煌呢？也许只有真正找到王陵，才能找回那段古老神秘的历史。

来于尘兮归于尘，金瓶火葬有独钟，昔日王朝灰飞灭，深山洞穴隐王陵。

一、秘洞金瓶

在一个夏季的傍晚，山里的雷声一阵接一阵地响起，一场疾风骤雨即将来临。这时一位进山采药的彝族老汉不由得加快了脚步，他要赶紧找个地方暂避风雨。大山里通常会有很多洞穴，老汉在草丛中寻找着。果然，他发现了一个小小的洞口，便急忙走了进去。洞中漆黑一片，地面上也坑坑洼洼，但洞里仿佛有种神奇的东西吸引着老汉向前走去。就在火光照亮前方的时候，老汉惊呆了，山洞深处显现出一些金灿灿的东西。再定睛细看，原来这是些黄金打造的罐子。这时，老汉仿佛受到了更大的惊吓，全然不顾外面的狂风暴雨，跌跌撞撞地跑出了山洞。山洞中的黄金罐子似乎不是什么金银财宝，而是更加诡异的物品，竟使得老汉如此惊恐万分。

山洞被发现的时间是2001年，地点就在大理州东南的巍山县。也许是由于受到惊吓又淋了雨水，老汉回家后便一病不起，不久就去世了。人们都说老汉看到了不该看的东西。那些金瓶是属于很久以前一些国王的，里面存放的是他们的魂灵。在当地一直流传着这样的古老的说法，一个秘密的山洞里藏匿着许多国王的金瓶，但从没有人能够找到它们。随着老汉的去世，刚刚被发现的山洞也悄然消失了。

几年过去了，山洞里国王的金瓶已被人们淡忘，谁也无法核实那些神秘的金瓶究竟是传说还是事实。但大理市文物管理所的黎瑞财所长却始终关注着这些山洞中的金瓶。这天他和同事来到了大理市的苍山脚下，传说这里也有一个藏匿着金瓶的山洞。

黎瑞财称，很多人都说见过这个洞，还传说这个洞可以穿到苍山，到达苍山背后的漾濞县。

这里离巍山有100多千米远，同样是藏着金瓶的山洞为何会出现在两处？而山洞中的金瓶真如人们传说的那样存放着国王的灵魂？那些金瓶又会是属于哪个王朝的国王？黎所长在反复查阅史料后发现了一条线索。

黎瑞财说，蛮书上记载的是火葬了以后，南诏王割下双耳置于金瓶，两个耳朵放在金瓶里，藏进密室，之后再适时将其取出祭之。

看来，按照蛮书的记载，老汉的发现和人们的传说并不是子虚乌有，国王的金瓶的确存在。但黎所长也清楚地知道，如果山洞是存放金瓶的地方，那就如同是国王的陵墓，它的位置一定非常隐秘。

黎瑞财解释，皇家下葬以后，会派人将金瓶藏到密室里，只有继位的南诏王才知道密洞的所在地。为了不让后人发现这个金瓶的所在地，首先派第一批人把金瓶储存收藏好，埋好以后就派第二批人把知道这个洞穴所在地的人杀掉，然后这个洞的地点就永远是个谜了。

有着如此重要秘密的山洞，能够被轻易找到吗？

黎瑞财称，前后进行了两次勘察工作，但是在山坡一带没有发现任何的洞穴。

尽管，两次勘察没有找到传说中的洞穴，但黎所长在对这里的地形做了细致地观察后，他发现从整个的形制来看，在苍山的峰麓下面，前面有上下两个平台，两个平台之间有个通道。黎所长认为这样的地形很像是大型祭祀的场所。如果按照传说和蛮书中的记载，每到国王的忌日，从附近的洞中取出金瓶，在这里举行祭奠活动，一切似乎是顺理成章。但由于没有发现山洞，人们始终无法证实它的存在。

二、三山聚佛

1000多年前，大理地区曾有过两个地方王朝，这两个王朝的都城就建在苍山脚下。但有关这两个王朝的文字记载却寥寥无几。

黎瑞财说，在明朝，朱元璋派当时的傅有德平云南后，就把所有在官典籍都全部烧毁了。

朱元璋所毁掉的正是大理地区两个古王朝的历史文献，它们就是南诏国和大理国。这两个王朝先后存在了500多年，但灭亡已有近1000年的时间，再加上后人毁灭性的破坏，地面上已经没有了王朝的踪影，只有地下还可能埋藏着都城的废墟。

如果金瓶中存放的是国王们的遗骸，它们有理由被隐藏在苍山脚下的某个洞穴里，因为那里曾有着古老王国的都城。但为何在巍山县的大山中也有着神秘山洞的踪影，而这里与苍山远隔100多千米。

在巍山县的巍宝山下，有一座小小的庙宇，这里供奉着一位特殊的人物。他就是南诏国的创始人——细奴罗。根据有限的历史资料人们了解到，早在600多年时，细奴罗曾是巍山地区的一个种田人。那时的大理地区只有一些部落分布在洱海一带，细奴罗就是其中一个被称为南诏的部落首领。后来他所带领的部落在唐王朝的扶持下，打败了当时洱海一带其他的5个部落。细奴罗统一洱海地区后，在家乡的一座山上建造了自己的都城。他们很有可能把自己的归宿选在巍山，而老汉发现的那个山洞也就有可能真的存在。90多年后，南诏的第四代国王将都城迁到了苍山脚下，随着势力的不断扩大，南诏成了云南一带强盛的地方王朝，历时250余年。

南诏国的时代过去后，大理国立国并沿用了南诏的都城。在苍山洱海一带大理国的都城又伫立了300余年。直到1253年，忽必烈攻占云南地区，南诏和大理国500多年的历史才最终结束。所以在苍山脚下有着神秘山洞的可能性也是存在的。

从细奴罗创建南诏到南诏国消失，一共经历263年。在这期间，南诏曾有十几代君王继位。而其后的大理国存在的时间更长，延续了308年，继位的国王也应该更多。500余年中，两个地方王朝中皇室的人数加起来应该是个不小的数字。但这些君王的陵墓不仅始终没有被找到，甚至连一点蛛丝马迹也无从发现。

对此人们有着各种各样的推测。有人认为，由于南诏大理只是两个地方王朝，他们的国力无法和中原王朝相比，没有足够的实力为每一位国王修建大型的王陵。也有人认为，南诏大理远离中原内地，其丧葬习俗与中原完全不同。他们信奉佛教，时兴火葬，所以无须为保存尸骨大兴土木。

但从大理地区保存下来的这些火葬墓中可以发现，即使是普通百姓，实行火葬后死去的人也还是要有一个墓碑。或许由于帝王本不能和百姓同归一处，所以南诏大理的国王们将归宿选择在了山洞里。

在大理州的剑川县，人们传说这里的石宝山上也有一个神秘的山洞，和巍山、苍山脚下的洞穴一样，存放着南诏大理国国王们的金瓶。从南诏时代，剑川县的石宝山就成了佛教圣地，南诏大理国的国王们曾命工匠在这里开凿石洞，修筑佛像。至今山上依旧保留着很多的佛教造像。但与其他信奉佛教的地区不同的是，南诏大理国的君王们在为神仙打造石像的同时，也将自己甚至连同家人的石像放置在石宝山上的佛教雕像中，人们一共找到了三位南诏国的国君。其中有南诏创始人细奴罗的全家福。还有一位南诏的国君，在他的身旁还坐着一位出家的僧人。人们推测，在南诏时期不仅国王信奉佛教，国家大事的制定也会有僧人来参与。早在南诏国创建初期，佛教就被确定为南诏国的国教。包括后来的大理国，也沿袭了这种宗教信仰。从保留下来的一幅国王理佛图中，人们可以看到南诏大理国信奉佛教的盛大场面。

▲ 南诏释迦牟尼佛

▲ 石钟山二号窟的阁逻凤议政图

◀ 石钟山一号窟的异牟寻坐朝图,真实地记录了当时南诏王议政时的场景

▲ 释迦牟尼佛和其两个弟子

▲ 释迦牟尼佛坐像

细奴逻"全家福" ▶

尽管石宝山也远离南诏大理国的都城所在地苍山，但从国王的雕像可以看出，南诏的国君似乎对这里更加情有独钟。因此，国王们将其最终归宿选择在此地也是很有可能的。

黎瑞财说，南诏有13代王，大理国有22代。30多代的王、后、妃等的墓，对大理人来说是个谜。

如今，苍山脚下的公路要扩建，人们必须先探明地下是否有古代建筑，才能动工修路。2004年的冬季，考古工地悄然开工。当然，考古人员更希望能够在此地发现南诏大理国的遗迹。

经过一个多月的发掘，考古工地的现场有了明显的变化。一些大大小小的土坑被专门清理了出来。人们发现在每一个土坑中都埋放着一块大石头。黎所长和考古工地的领队对这些土坑异常关注。他们认为土坑中的大石块呈现了一种古人特殊的建筑手段。那就是在坑中先放上石块，然后在石块上竖起木柱。用这样的办法建筑房屋正是南诏大理时期建筑的特点。在文献中记载，历史上这一带曾是南诏大理国的都城。这次为了扩建公路而进行的保护性考古发掘，果然探察到了南诏大理国的踪迹。

三、魂归何处

在大理地区，人们在以往的考古发掘中曾发现过大量的火葬墓。这些墓穴中只有一个装着死者骨灰的火葬罐。但随着死者身份的不同，火葬罐的材质也不同。普通百姓多是一个陶土烧制的罐子，只有在贵族的墓葬中人们才能见到精致的火葬罐。

黎瑞财称，南诏大理国以前，砖石墓、土葬墓出土了很多，跨过南诏大理国500多年以后，明朝的墓葬，砖石墓、土葬墓也有很多发现。唯独南诏大理国时期的500多年，没有发现土葬墓，都是火葬墓。

由此可见，由于南诏大理国的人们信奉佛教，相信人来于尘也归于尘，所以选择了火葬。而那些国王们因身份显贵，他们的火葬罐则应该是用黄金

▲ 大理国的人物生肖陶火葬罐

▲ 大理国十二生肖陶火葬罐

打造的。人们有理由相信，那些传说中的金罐子很可能就是南诏大理国国王们的火葬罐。而彝族老汉发现的山洞也因巍山县是南诏的发祥地而显得更加可信。

既然南诏的国君们能把自己的雕像留在大理市剑川县的石宝山中，那么也有可能会在山中的某个地方选择一个安息之地。而作为南诏大理国都城所在地的苍山脚下则更是国王们最好的归宿。

在苍山脚下的工地上，人们依旧在进行着考古发掘。根据记载，1000多年前，南诏大理国的都城就建在这一带。尽管考古工地所在的位置并不是记载中当年都城的中心地带，但人们还是在地下发现了南诏大理时期留下的建筑遗迹，证明这里的确有都城建筑存在。人们从考古发现的角度，找到了南诏大理国存在的证据。

工地上到处都堆积着小山般的瓦砾，工人们对它们早已司空见惯，只有黎所长格外关注。他希望能从这里面找到南诏大理国王陵的信息，因为这些建筑残片上存留着南诏大理国的痕迹。

几天以后，黎所长和同事再次来到苍山脚下传说中有山洞的地方。在以前的勘察中黎所长就发现这里有着两个大平台，地形很像举行大型祭祀的场

▲ 剑川金华山摩崖石刻外观

▲ 剑川石钟山石窟远景

所。他推测这两个平台有可能是人工建造的。黎所长从第一阶平台的地上取下了一块泥土，果然泥土中显现出了一层层不同的土质。从事考古发掘的人都了解只有人工夯筑的土层才会有这样的痕迹。如果这里是南诏大理国为国王的灵魂举行祭祀的地方，当年人们除了要夯筑起一个平台，平台上还应该有相应的建筑。黎所长来到了第二阶平台，这里的地面上散落着许多瓦砾。但只有找到有着南诏大理国特征的建筑残片，才能确认平台上曾有过那个时期的建筑。黎所长在泥土里挖出了一块瓦片，经过仔细辨认，他发现瓦片上隐约有些纹路。

带着从苍山脚下挖出的瓦片，黎所长回到了办公室。在这里黎所长曾反复查阅资料，寻找南诏大理国王陵的踪迹。但由于那个时期的历史文献几乎全部被后来的明朝人所焚毁，在仅存的文字中查找始终没有收获。

黎所长又采取了实物对比的方法，他找出了从考古工地带回的瓦片。人们已经确认考古工地中发现的建筑遗迹就是南诏大理国时期留下的，而这块瓦片上的纹路正具备那个时代的鲜明特征。再将平台上挖出的瓦片和它放在一起，黎所长看到两块瓦片上的纹路有着同样的特征。

在随后对平台的勘察中，人们有了更多的发现。

> **有字瓦：** 南诏大理时期一种用于建筑的陶瓦。它一面模印细纹，另一面模印有数量不等的文字，其型制分筒瓦与板瓦两大类。出土和发现有字瓦的地方较多，主要是南诏大理时期的古城址和古建筑遗址。从洱海区域到滇池区域，乃至原属于南诏大理境内的绝大多数地区，都曾发现过。有字瓦上的文字，其内容包括四大类：制作者的姓名、纪年文字、购买者的姓名、吉祥语言。较有代表性的有"田作""十四年""官买""常住""条乐""佛""菩萨"等。多数铭文为新创制的文字，颇似汉字的异体字。

黎瑞财称，在这个遗址里发现了南诏有字瓦。铺地砖是一尺见方的铺地绿釉砖。从这些构件来说，按照大理时期这个地方就应该有官方建筑，根据各方面的综合分析，这应该是我们王陵探查的一个重点。

如今各种迹象都表明，南诏大理国的王陵是存在的，国王的金瓶也是存在的。而苍山脚下那个深藏不露的洞穴比起其他传说中的洞穴更可能是王陵的所在地。

尽管这些王陵也许就是一个普通的洞穴，也许洞穴中就只有些国王们的黄金火葬罐。但这对人们了解那个带着500多年神秘历史的古老王朝，却是异常重要的。

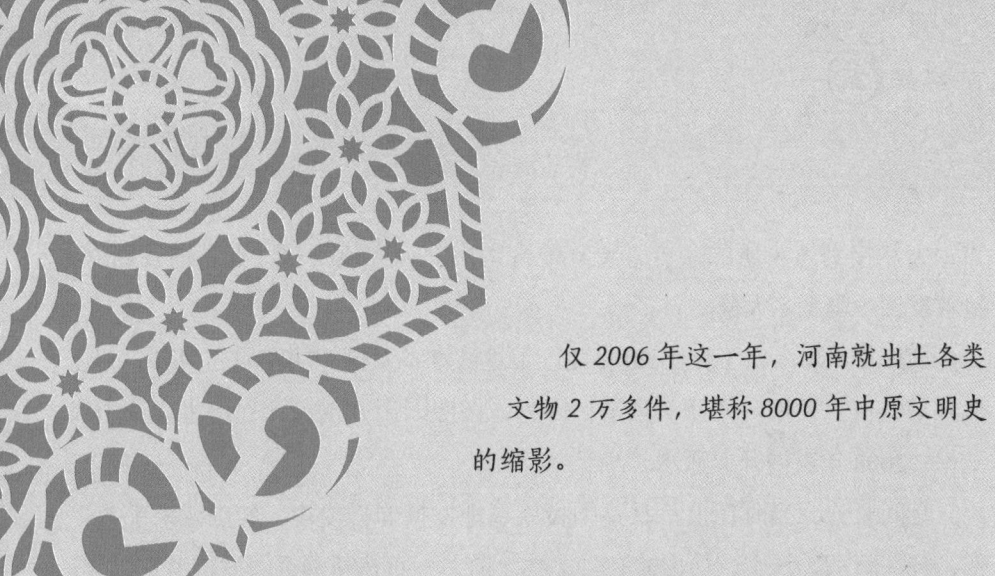

仅2006年这一年，河南就出土各类文物2万多件，堪称8000年中原文明史的缩影。

王陵疑惑

一、打开了一部天然"地书"

2002年12月，国务院批准了《南水北调工程总体规划》。

根据我国的地形地貌和北方缺水现状，国家决定从长江上、中、下游分西线、中线、东线"三线"调水的总体布局。当中线工程规划呈现在人们眼前时，有识之士就曾预言：这项工程的开工，既是美好未来的开端，又是探究历史的契机。因为，这条线路纵贯中原，相当于发掘一条"中国古代文化的廊道"或者完成一次"古代文明史的大剖面"。

借助南水北调中线工程，河南启动了有史以来最大规模的抢救性考古发掘工作，打开了一部天然"地书"。果然，几年来，河南段成为中国考古界的"富矿"，重大发现接二连三。

2006年8月，河南省文物考古研究所新郑工作站开始对分布在郑州段沿线的重要文物遗存进行地毯式的严密排查。新郑胡庄村的这个无名冢，也成了最为紧迫的抢救性发掘目标。

或许是机缘巧合，2006年9月，正在上蔡县带队发掘蔡侯陵园的马俊才，突然接到考古所的命令，要其配合南水北调中线工程，准备前往新郑，抢救发掘一座无名大墓。

马俊才从事考古工作已20多年，但这次准备发掘的胡庄无名大墓，却让他异常振奋。发掘时间非常紧迫，因为，按照国调办预定计划南水北调中线工程，2008年就要开渠通水。

时间紧迫，当时在上蔡县蔡国贵族墓地发掘的马俊才，匆忙结束手头工作，赶往新郑。其实，马俊才在去上蔡之前，一直在新郑组织发掘考古工作，特别对新郑的韩王陵更是情有独钟。

今天的新郑市，是河南省郑州市下辖的县级市，是一个实力较强，城市扩张较快的城市。但考古专家们说，21世纪的新郑市，城市规模只有当年郑韩故城的三分之一到四分之一。

河南境内保存有春秋古城100多座，而新郑的郑韩故城仍居首要位置，也最负盛名。这些深藏在历史尘埃中的遗址是郑韩故城辉煌历史的真实见证。

> **郑桓公**：姬姓郑氏名友，西周末年周厉王的少子，周宣王异母弟。为周司徒，封于郑（今陕西省华县的东方），史称郑桓公，是春秋时期郑国的第一代国君。周幽王时期，郑桓公身为周王室的司徒，看出西周马上就要灭亡，于是，在太史伯的建议下，于桓公三十三年（前774年）将郑国财产、部族、宗族连同商人、百姓迁移到东虢国和郐之间（今河南省嵩山以东），号称新郑（今河南省新郑市一带）。后死于犬戎破镐京之战。

公元前770年，郑桓公在新郑建立起了新的郑国都城，公元前375年，韩哀侯灭掉郑国，并把郑国都城改建后成为新的韩国都城。直到公元前230年，韩国被秦始皇灭掉。

郑韩两国先后在这里建立都城，位于现在新郑市城区一带面积14平方千米左右。郑国以此为都395年，经历了22代国君。韩国以此为都145年，经历了8代王的统治。

战国时期，高级贵族的墓葬一般都有高大的封土，新郑市的郑韩故城也不例外。

在郑韩故城的西部、西南部、东部，在1.5～15千米的这个区域，在田野耕地上，存在着大大小小十几处古代的封土冢，当地的群众都叫它们"冢子"。

郑韩故城周围这些高大的封土冢，难道都是王陵墓吗？如果，这里面有韩王陵墓,它又会是哪位韩王的陵墓呢?

为了寻找韩王陵,河南省文物考古研究所新郑工作站专业人员和当地文物部门,于1987年和1988年在新郑展开了一次大型调查活动。调查过程的展开,一直持续了2年的时间。

新郑地貌西高东低,地处山区向平原过渡的丘陵地带,只有东部少部分是平原地区。

当时调查发现,在从西向东这个顺序中,初步可以确认许岗、苗庄、王行庄、柳庄、暴庄、七里景、冯庄、凤庄等十几处,这些可能是韩王陵。它们均在郑韩故城周围。

通过勘探发现,这些陵墓分布极有规律,它们多是两个一排或四个一排东西向分布,这几乎成了韩王陵的规制。从墓葬表面和局部夯土中发现的陶片,证实其中肯定有韩王陵墓。

自东而西排列的四座王行庄大墓,面积大约2万平方米,其中最高的墓冢约10米。1988年,调查组在王行庄的北边意外地勘探发现了一座车马坑。

经过局部试掘,车马坑里有殉马56匹,每排4匹,排列长达30多米。王行庄车马坑的发现为寻找韩王陵,定性韩王陵的基本特征提供了非常重要的线索。

在这期间,位于107国道旁,新郑市城关乡胡庄村西北岗地上的这两个高大的封土冢也进入了调查组的视线。西冢高有10米左右,东冢高7米左右,中间的距离不到10米。

2006年10月胡庄大墓原貌 ▶

根据当地百姓回忆，以前这两个高大的无名封土冢本是连在一起的，当地村民称它们为胡庄大墓。后来，经过钻探，发现这里的地下情况非常特殊，令调查组成员疑惑不解。因为胡庄经过钻探发现这个墓碑达43米宽，宽度太宽，78米左右长度的一个大坑，另外它的背面没有确指的陪葬坑，不能定性。加上周围的汉墓又很多，所以只能暂时用无名冢叫它，最多叫胡庄大墓。

1987—1988年，寻找韩王陵的调查工作结果是严格保密的。但是，不久以后，一股巨大的盗墓风潮，突然开始在新郑的大地上神秘地刮了起来。

事发于1990年12月，郑韩故城以东的八千乡张村一个汉冢被盗。当然，这些被初步定性的韩王陵墓，更是成了许多梦想暴富的不法分子前仆后继、铤而走险的重要目标。

1992年10月，新郑文保所接到苗庄王陵文物保护员报告，称在王陵遗址区发现盗洞。随后，现场勘查时，发现盗洞位于封土堆东侧，洞口被盗墓分子巧妙地伪装，并用杂草覆盖。

发现这一情况后，新郑文保所工作人员全力协助公安民警侦破此案。经过4天的严密监控、设伏。最后，终于把这伙正在洞内作业的盗墓分子堵在了盗洞里面。

后经公安突击审讯，这帮盗墓团伙共有5人，1人系地面接应者，还有3个人在盗洞内挖掘，另外1人则在外围远处望风。公安、文保人员还从他们住处搜查出石磬等珍贵文物。

磬是古代一种用石头制作的打击乐器，钟磬是最主要的一种代表身份的乐器，磬被盗出来，体量还很大，拿到工作站进行鉴定，确实是韩王陵的文物。

在此之后，新郑公安和文保部门虽然灭了这股盗墓歪风。但由于暴利的诱惑，还是不断有盗墓分子在别的陵墓上铤而走险，进行盗掘。胡庄大墓在这次盗墓风潮中也没有幸免。

1995年1月初，胡庄村民又在大墓上发现了爆炸盗洞。胡庄这个无名大墓有两块冢子，这次盗洞发现在东冢的中间部分，它距地面约6米，直径2

米的圆形大盗洞，深不见底。

最后，新郑文管所有关人员现场勘查完后，准备进行保护性回填时，为了探知这个大墓被盗扰的具体情况，博物馆杜平安馆长决定亲自带人，冒险钻入这个长达20多米的盗洞。

这个盗洞洞口较大，越往下面，斜坡越来越小。那一次没有发现有什么文物，定性的、能定时代的文物没有被发现。

> **洛阳铲**：100多年前，洛阳邙山南麓马坡村一个名叫李鸭子的盗墓贼发明了一种盗墓工具。洛阳铲的铲头看似半圆筒，插入地下后，铲子的内面可以带上一筒土，以此可以了解地下不同层位的土质、土色、包含物，判断地下文物遗存。

这次盗墓事件发生后，当时也在郑韩故城发掘的马俊才，开始专门找来有关钻探的调查资料。但是，结果却令他疑惑不已。

马俊才觉得这个胡庄大墓非常奇怪，说它是汉墓，它的封土形态以及夯土层又像是战国、韩国的。但是，如果要说它是王陵，钻探调查结果又表明，它下面却是一个异常宽大的坑。

这个无名的胡庄大墓到底是一个什么性质的陵墓呢？就在马俊才疑惑之时，曾经冒险进入过大墓盗洞的杜平安馆长却给他提供了一个重要的线索。

马俊才介绍："他说那里面有石头，他给我提供了这种线索，因为我当时也在郑韩故城发掘，有石头的话起码能定级别。还提到里面黑乎乎跟煤窑一样，是不是有炭，如果是积石积炭墓的话，比较符合东周诸侯王陵这一级墓葬特征，但是，还不能定性。当时没有发现任何盗出来的陶器碎片，不敢定性到底是什么时候的。虽然是东周战国时期很流行的积石积炭，但是不能排除战国末年或者秦朝，或者西汉初年，有这种形制，这些情况都不能排除。"

《吕氏春秋·节葬篇》记载："题凑之室，棺椁数袭，积石积炭，以环其外"，其目的"石以其坚，炭以御湿，环绕也"，以防止盗掘和潮气渗入。这就是所谓的"积石积炭"葬制。

"积石积炭"墓通常在椁室的上下及四壁外覆压、铺垫和填充大量石头及木炭。这种墓葬流行于战国时期，是一种级别很高的墓葬形制，只有身份特殊和地位高贵的王才能享用。

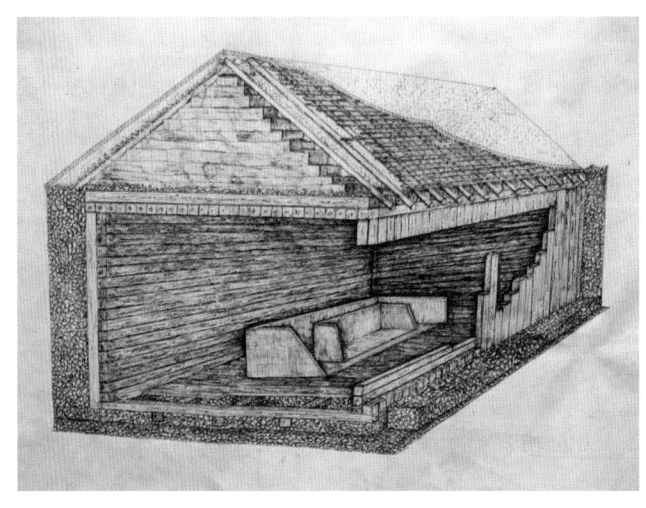

◀ 椁室复原示意图

难道胡庄大墓也应该属于韩王陵墓？马俊才突然有了这种想法。但是，他却没有任何证据。因为，它万一是汉朝初期的墓葬，里面也有一些石头，这也是有可能的。

马俊才开始对这个神秘的胡庄大墓耿耿于怀，它到底是一个什么样的大墓呢？为什么经验丰富的盗墓分子，总是不间断地费那么大工夫来挖掘这个无名的胡庄大墓？

二、发掘胡庄大墓

10年后的2005年，随着南水北调中线工程郑州段的陆续开展，新郑文物部门再次对胡庄大墓进行了前期钻探。钻探结果，仍然显示这个大墓里只有夯土，具体时代不详。同时，在周边钻探中却发现很多汉朝空心砖墓。

空心砖墓大体应该属于战国晚期到汉朝，另外在周边发现的很多墓葬多为汉墓。如果这个墓时间早，应该有陪葬坑、殉葬坑、车坑或者马坑，但在这个位置一直没有发现，最终还是定位战国晚期到汉朝，初步判定为汉墓。2006年11月初，马俊才带领考古队正式从上蔡蔡侯陵园墓葬撤离，撤到胡庄大墓，在新郑文物部门的大力支持配合下，他们在工地上搭建起临时工棚，组织队员开始钻探发掘。

经过初步钻探，确认这两个分开的土冢仍然是一座大墓。看着这两堆土冢，作为这次考古发掘的领队，马俊才忍不住唏嘘感叹，他不禁回忆起多年前在这里一次难忘的发掘经历。

2000年冬，新郑盗墓之风又抬头了。而且，这次盗墓分子的目标直接指向被确认为王陵级的许岗古墓群，他们采取电子定向爆破的盗墓方式，胆量之大令人震惊，气焰十分嚣张。

为了坚决刹住这股盗墓歪风，另外也为了解决韩王陵之谜，抢救保护珍贵文物。经国家文物局审批，2001年3月，河南省文物考古研究所以马俊才为领队，开始对新郑的许岗王陵进行抢救性发掘清理，这个发掘过程一直到2003年8月才基本清理结束。

尽管新郑许岗古墓群的规格高，规模大。但是，由于它们在历史上都曾多次被盗掘，洗劫一空，无一件文物能直接定性为韩王陵。所以最终，许岗古墓群也只能认定为战国大墓。

许岗墓地发掘结束后，给本来希望通过发掘许岗，来解决韩王陵之谜的马俊才留下许多遗憾。不久，他带着遗憾去了河南上蔡县的考古工地。

那么，自己眼前的这两个大土堆是不是韩国的高级贵族墓地呢？

虽然发掘胡庄大墓，考古所里只给了半年的时间，面积6000平方米。但是，马俊才仍然非常高兴，因为，发掘这个大墓可了却心愿，解开疑惑，看看它下面究竟是怎么回事？

马俊才认为，这次南水北调工程，虽然是像有些大墓和重要遗址那样，一方面是损失了，但是，又给了考古工作者一个非常好的机遇。特别是对胡庄大墓有所了解，可以说挖大墓的机会来了。

如果，这个胡庄大墓果真是王陵的话，那么，对马俊才来说，这次发掘的确是一个天大的机会。因为，国家文物局从来就不批准、不鼓励主动发掘任何帝王陵寝。

马俊才回忆,发掘王陵或者帝王陵寝,曾经有过教训,陵墓发掘开始了,像丝织品看着非常好,转瞬之间就灰飞烟灭,当时参加发掘的专家,拿相机拍都来不及,还没拍就起灰了。为了避免对王陵,特别是对核心文物造成损害,国家一直不鼓励发掘这些帝王陵寝,包括诸侯王陵,都是不主动发掘的。

现在,这个无名冢胡庄大墓即无法定性,同时,它又位于南水北调中线干渠占压范围界桩之内。所以,这一切给了马俊才解开疑惑的一个非常好的机遇。

掀开这个胡庄大墓的神秘面纱,对于充满疑惑的马俊才来说,或许所有的谜都会有答案,或许留给他的是更多的疑云……

作为一个王朝的缩影,这个胡庄大墓,它留给后世的将会是怎样的地下世界呢?

为保障南水北调中线工程河南段的顺利实施,2006年10月20日,马俊才的考古队开始对这个大墓周边区域进行钻探布方。不久,钻探图纸出来,却打乱了他的初步发掘方案。

经过20多天的发掘,在大墓周边的弹丸之地,墓群叠压分布,墓葬排列

◀ 大墓发掘区

密集，这里似乎是古人眼里的风水宝地。其中有春秋郑国墓、战国时的韩国墓以及以空心砖为主的汉墓等。

而这"风水宝地"的主角，就是这两座带有 7 米左右封土的东西大墓，它们坐北向南、东西并列。而南水北调的规划线就刚好从它们的中西部穿过，大墓正好被包在渠道的中间。

与此同时，当把这两个东西大冢上的封土刮掉后，马俊才最不愿意看到现象还是出现了。

在东边的这个无名冢上，仅它的西面和东面就有圆形的、长方形、正方形等 6 个时代不一样的盗洞。也就是说，不同时代的盗墓贼都光顾了。而在西冢的南边，1995 年被爆破的几个洞口也都找到了。

作为这次考古发掘的领队，马俊才曾经不止一次遭遇这样的窘境。即便已经知道面对的是一座空墓，他还是要严格按照考古规则进行发掘。这座大墓还能给他留下点什么呢？

一天，一名队员在西冢的半山腰清理时。突然，在夯土中清理出一些白色的料浆石和石子混合的面。因为有过发掘许岗大墓的经验，马俊才急忙找来工程师进行加固处理。

经过近一个月清理，2006 年 11 月底，一个意想不到的现象终于出现了。在两个封土冢距地面约 3 米高的半山腰，都出现了几乎是一圈的这些遗迹。同时，还发现了不少的瓦片。

这些料浆石就像是一条走廊，东、西面及拐角处都有。而且，发现这些走廊的内侧，还有明显的柱洞。这时，马俊才终于明白了，这些建筑走廊就是考古学界称之为的"散水"。

"散水"就是房屋的外墙外侧，用不透水材料做出一定宽度，带有向外倾斜的带状保护带，其外沿必须高于建筑外地坪。它的主要作用就是不让墙根处积水，故称"散水"。

这种建筑设施的发现，表明巨大的封土之上，曾有屋顶的巨型陵寝建筑，当初应该非常富丽堂皇。它们是此前商周时期高级贵族墓上平地建筑转变到

▲ 西散水

秦始皇陵封土以外设便殿的过渡形态。也就是说，这里极有可能是王陵级的大墓。

这时，大墓的西北区、西南区的发掘清理仍在继续进行。这里的小墓葬开始陆续出现了一些小的器物。而这期间，这两片地方有一个最重要的发现，就是这些沟壕的出现。

这些沟壕不像是一般的水沟，它们大都是平行的南北向或东西向。它们和大墓墓坑范围几乎一致，沟壕与大墓究竟是什么关系呢？抓紧寻找沟壕成为主要突破点。

三条城壕似的近长方形环状壕沟，每条间距在20米左右，组成了面积宏大的陵区排水和防御体系。这种形态布局以前只在东周秦公陵园有所发现。这些环沟究竟有什么意义呢？

马俊才解释，古代贵族或者统治者，生前是居住在城里面，如果他视死如生，他死了以后，除了宝物陪葬他之外，他把生前的东西也都想搬过去，

▲ 大墓周边发现环沟

这样在阴间也能享受，生前住的是宫殿，外面还有城保卫着他。这像不像城壕，里面有三圈城池保护他。

三、发现了一个天大的秘密

2006年11月19日，当考古队把这两个封土冢的南北两面的墓道揭开时，发现了一个天大的秘密。到这个时候，胡庄大墓的第一个谜团，终于揭开了。

马俊才说，第一个谜团是什么？是两座墓，不是一座。这两座为什么在以前被迷惑，都说是一座？它打破了一般规则，即一个统一规划，一号墓在东边，二号墓在西边。一号墓把二号墓的坟切了一半，压在上面。夯土在钻探的时候很难区分，探不出两个坟墓有什么区别。当初设计时经过统一规划，所以边棱非常规整，不是完全挖开，很难能看出来。

为了避免普通勘测的极限，准确记录下两座大墓的结构布局和保存现状，

▲ 揭去表层土墓上建筑使墓道暴露

为此，马俊才专门用航模飞机来进行空中遥感拍摄。空旷的大地上两座中字形大墓，霍然而出。

胡庄大墓定性为两座大墓后，马俊才按照打破关系，越靠上面的墓，越晚的墓编号越比较靠前，正式把东面的冢子叫胡庄一号墓，西面的冢子叫胡庄二号墓。

2007年1月初，考古队在二号墓的西南侧发现一个很奇特的长坑。这个长方形的大夯土坑，打破一部分二号墓道，它究竟是什么用途？难道下面是正在寻找的车马坑或器物坑？

从1988年王行庄发现的殉马坑来看，韩王陵的车马坑应该在北边。而它为什么却在西南呢？这里要真是车马坑也很麻烦，因为它的规制跟韩王陵级别不一样。马俊才非常疑惑。

马俊才回忆，这个坑很怪，跟大墓二号墓封土坟头平行的，而且边线超出一部分，其中肯定有关系，有关系的话，底下都是战国墓、空心砖墓，这是不祥之兆。王陵级不敢提了，虽然上面有很多证据，但底下什么都有可能发生。现在发现车马坑是破灭了,一根马骨都没有发现,底下只发现一堆破墓。

长坑下面这些汉朝空心砖的突然出现,几乎击碎了马俊才寻找韩王陵的幻想。

因为,按常规空心砖就是汉朝的典型遗物,多件空心砖块在建筑和大墓的土层中被发现,甚至还发现大墓也打破空心砖墓,难道这真是一座汉朝的大墓?这让马俊才感到忐忑不安。

现在疑问也越来越大了,因为,到目前为止,马俊才仍然无法断定这两个大墓的时代。

◀ 清理一号墓椁脊基础内的加固绳

清理一号墓椁室现场 ▶

▲ 加温清理二号墓棺室

2007年7月，两座墓的封土去掉后，大墓正式开始发掘。

不久，队员们在发掘两个大墓的南北墓道口时，发现墓壁上出现了非常明显的约10厘米的板台痕迹。同时，在两个大墓间又发现了神秘的灰痕？

这些版台有着明显的木板痕和绳子洞。经过灌注石膏，证实这里面都是古代的绳子，把绳子加入版筑墙内，其作用相当于现代的钢筋。同时，发现墓壁上都有十分细腻的装饰痕迹。

诸多痕迹表明，墓主人的地下大宅，曾经装修得相当精致、豪华。墓室的墙壁，经夯筑后用质地细腻的草泥精心抹平，然后下边刷朱砂，上边刷白灰，很像现代家庭精装修。这一切都说明墓主的身份应该是非常高贵。

2007年9月，在一号墓出现了一排非常奇特的现象，发现一排灰痕，经过仔细清理，这些灰痕都是圆木头柱子，直径20厘米，七八米长。这是干什么的呢？

就在考古队员疑惑不解的时候，他们开始顺着盗洞往下清理，结果，在盗洞里面发现一个四脚朝天被砸死的盗墓贼。这具尸骸悬在土层中，扭曲变形，可以想见其死亡时之悲惨。

◀ 王陵椁室全景
（东南西北向）

▶ 二号墓椁内西北角局部

　　细心的马俊才发现这个盗墓贼头上的夯土中有一层圆木灰痕，灰痕的上下都是夯土。但是，马俊才却始终搞不清楚这层灰痕到底是什么结构？

　　不久，在两层夯土之下，他们又发现了一个光滑的人字形坡面。经过一段时间清理，坡面越来越清晰，清理到半个月的时候，发现这个面很像是房顶，这是一个非常罕见的现象。

　　马俊才称，一般情况下，埋藏棺椁，棺椁象征着墓主的房间，分间在底下是长方形大箱子，盖上盖子，棺外面放着文物。像上面又出来房顶的情况，这种很罕见。根据目前我们所知道的情况，许岗三号墓里面有一个小坡，当时也没有太注意，因为依据许岗的提示我们觉得这里应该是一个房顶。

稍后，考古队开始对房形坡进行详细地解剖，发现这个房坡非常奇特。原来，墓里的这个房子是椁顶，墓主人构造了全国罕见的屋顶形椁顶结构，使墓室构成一个完整的空间。

两座大墓均发现由整层草泥、橡木、檩木、棚木和夯土组成屋顶形的椁顶结构，证实了文献《左传》中"椁有四阿，棺有翰桧"的记载。它们在国内同期墓葬是属于首次发现。

2007年12月，考古队在清理房形坡的旁边时，一个呈口字形的石头墙终于出现了。而且，石头墙里面的卵石夹杂着少量的木炭，果真是积石积炭墓。

马俊才发现，卵石和木炭搅在一起构成了这里的石炭外椁，不同于自己以前发掘许岗大墓的积石积炭分内外两层的结构，这里是极为特殊的积石夹杂少量木炭构筑的复合式外椁。

现有的证据似乎都在暗示马俊才，这里埋藏的极有可能就是一座韩国王陵级的大墓。而一旦这种猜测成立，那么，这座2000多年的古墓也许将会展现给人们意想不到的惊奇！

2008年9月，一号墓的椁盖即将揭开，椁里面还剩下什么东西呢？马俊才惴惴不安。经过十几天的清理，结果是这个一号墓葬的棺椁里面，空无一物。

2009年1月，数九寒天，二号墓的发掘仍在继续。这时棺椁里的冻土非常难清理。他们一边用电灯烘烤冻土，一边用手铲逐层向下清理。不久，有队员喊了起来，有绿的东西。

马俊才说，有绿的东西就是有铜器，一挖一个，还不少，我一看这个是构件，构件先露头。一会儿出来一个圆形的，跟我们穿的鞋形一样，也是青铜的，当时我也很疑惑，这到底是什么，没见过跟鞋一样的青铜器。再就是旁边一清理，又是箭头，成捆的，又是鼎，盗墓贼把没有搬走的鼎，砸烂了。

▲ 胡庄二号墓出土的铜编钟

棺板塌的部分发现有玉器、玉环、玉璧。

随着清理进一步展开,许多小件的器物陆续出土。编钟、石磬等礼器也相继露头。它们的出现给马俊才带来了极大的慰藉。

但是,此时的马俊才最希望能出土几件韩国的兵器,特别是箭和戈,因为像这种大墓里的兵器上往往都有字,能表明墓主人身份。

回到工作站,马俊才抓紧组织、派人对所有器物进行去锈、修复等一系列工作。

几天后,这些构件、玉器、银器等各种质地的文物,呈现在马俊才的眼前。特别是这些体现韩国高超的青铜器铸造技术和机械设计水平的式样繁多

▲ 可以套合的铜构件

◀ 青铜器运动
　去锈修复

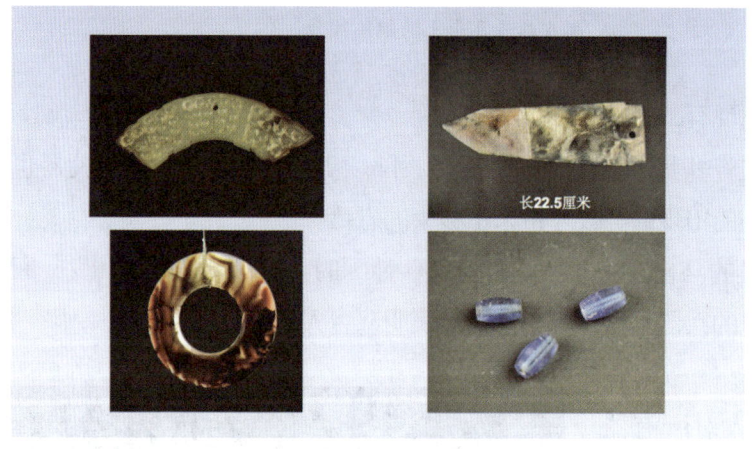

◀ 玉器

的车马构件更让他激动不已。

怎么才能断定是韩王陵呢？墓室内器物有铭文，成为最为关键的直接证据。

马俊才赶紧开始检查出土的兵器。不久，他在铜戈上发现了"左库"，盖弓上也出现"少府"等韩国官署的名称。这些证据正在越来越接近马俊才的猜测。

不久，细心的马俊才从这些铜鼎残片中，找到了一小片发现上面好像有

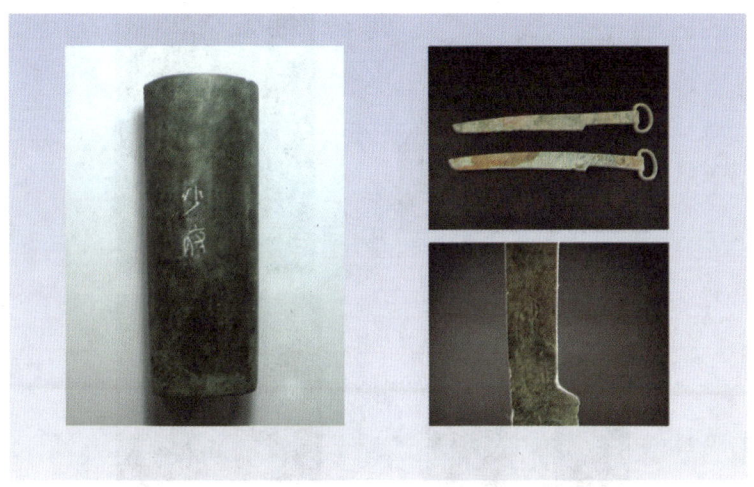

▲ 胡庄二号墓有韩国官署铭的铜削与樽

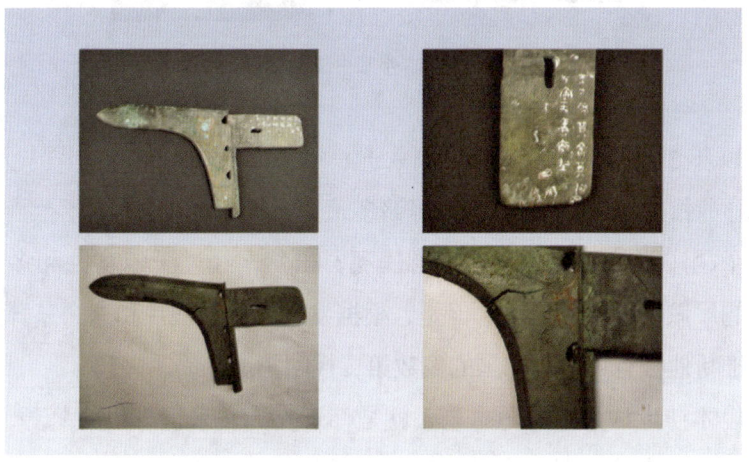

▲ 胡庄二号墓有铭铜戈

半个字,两横一竖。它是不是应该是三横一竖呢?马俊才急忙去找另一块,找出来后,一拼,就出来了两个字。

马俊才说,是王后,王后鼎出来了,王后的东西除了她自己或她丈夫谁都不可能放,王后私用品不可能给别人,因为这是王陵。

稍后,马俊才又在这几件银扣上面,发现了几个非常重要的铭文。虽然,这些字迹非常细小,却十分清晰:太后、王后、王后官。

▲ 胡庄二号墓中王后器铭

2009年3月,新郑韩王陵顺利入选一年一度的"2008年全国十大考古新发现"。同时,又获得田野考古奖等诸多荣誉。

这个胡庄王陵到底是哪一代韩王呢?虽然,经过千年腐蚀和多次盗扰,墓主人的尸骸早已荡然无存。但是,根据发现的种种残片和这个墓葬的方位,马俊才推断他极有可能是韩国的倒数第二代国王。

马俊才初步认为它是桓惠墓,就是韩王安的父亲桓惠王的墓葬,桓慧王在位30多年,因为他比较长寿,所以叫桓慧。

如果这里埋葬的果真是桓惠王,那么,战国末年的很多事情就都与这座大墓有关。桓惠王在位34年之久,正属战国末年,是六国兼并战争最为激烈的时期。此时,韩国已处于灭亡边缘。

面对强敌,即将亡国的韩惠王想出了一个怪招:派遣著名水工郑国前往秦国做间谍,实施疲秦之计,兴修郑国渠,让秦无兵可征。结果,事与愿违,"疲秦之计"变成"强秦之策"。

桓惠王死后9年,强大的秦国灭掉了韩国。其子末代韩王安被俘,不知

▲ 胡庄墓地全景

所终……

　　面对即将回填的这个胡庄大墓，马俊才思绪万千，没有想到自己在这里的发掘工作前后做了将近 3 年的时间。仅发掘、清理这个大墓就用了一年半。

　　原来，考古研究所给了半年的发掘时间。后来，由于南水北调中线工程工期调整延后，推迟中线通水时间，才使自己获得了这个好的机会。但是，直到今天，自己仍有待解的谜团。

　　如此巨大的王陵墓，为什么一直寻找不到车马坑呢？它的陪葬墓又在哪里呢？

20世纪90年代初,河南省三门峡市意外发现罕见古墓,这是我国目前出土级别最高、保存最完整的西周时期的国王大墓。这座大墓的主人是谁?它背后又隐藏有哪些不为人知的秘密?

大墓疑云

20世纪的90年代初,三门峡市会兴村的村民在挖地基时,意外发现了地下的古墓,由此引发了当地的盗墓狂潮,为保护文物,有关部门决定进行大规模抢救性发掘。

1990年9月,考古人员开始挖掘编号为M2009的古墓。令人惊讶的是,挖掘了10多米深还是没有见到棺木的影子。预示着这可能是一座罕见的大墓。

M2009号大墓位于黄河谷地的边缘地带,因为这一地区比较荒凉,又靠近黄河,让它成为考古调查时唯一没有钻探的地区。

1956年冬,三门峡市水利枢纽工程建设拉开序幕,为抢救文物,中国科学院考古所和文化部联合考古队,在三门峡地区开展了大规模的考古调查和发掘工作。

三门峡市湖滨车站北临黄河,考古队在这里发现了一片密集的墓葬区,并挖掘出了1万多件

黄河谷地: 指青海省东部,贵德以下至青甘交界处的黄河干流沿岸地区,由黄河干流冲刷形成,因而得名。海拔在2千米,土壤肥沃,无霜期3个月,是青藏高原上重要的河谷农业区。

文物。让人惊喜的是，1052号墓出土的青铜戈上有"虢大子元徒戈"6字铭文。专家断定：这是一座虢国太子墓，这里就是消失了2000多年的虢国国家公墓。

虢国是扼守西周王朝京城镐京东大门的重要邦国，它跨黄河南北两岸，与现在的三门峡辖区大体一致。据记载，虢国是周文王兄弟的封国，虢国很多代国君曾担任过周王朝相（相当于后来的宰相）一职的卿士。

三门峡水利枢纽：新中国成立后，在黄河上兴建的第一座以防洪为主综合利用的大型水利枢纽工程，控制流域面积68.84万平方千米，被誉为"万里黄河第一坝"。1957年开工兴建，1978年底，全部5台发电机组安装完毕。由主坝、副坝、隧道和坝后发电站组成，其功用是确保黄河下游的防洪安全。

《孙子兵法》中有一计叫"假道伐虢"，其中被讨伐的对象就是虢国：公元前655年，晋国送给虢国的邻国虞国一匹千里马和一件玉璧，换取大军借道虞国消灭了虢国。晋军班师回国时又顺道把虞国也灭掉了。

直到1956年的考古发现，后人才重窥到虢国的影子。

▲"假道伐虢"的成功，使中国历史上有了"唇亡齿寒"的深刻教训

令人遗憾的是，对太子墓的东、西、南三个方向进行钻探，却没有发现一座国君级的大墓。既然是虢国公墓，怎么会没有国君墓呢？

墓地的北边靠近黄河谷地，考古队员认为国君的墓地不会选在黄河岸边，所以就没有勘探。然而，恰恰是这块荒地成了最不应该的遗漏。

这块遗漏的荒地就是三门峡市会兴村新规划的宅基地。

M2009墓为一座南北向的长方形竖穴墓，墓口长5.6米，宽4.4米，越往下挖，墓底越大。

河南省文物考古研究所专家姜涛认为，墓坑的四壁经过特殊处理，涂有

▲ M2009墓挖掘现场

> **玉戈**：最早的玉戈见于二里头文化，于商、周两朝流行，是一种仪仗器（戈本身是一种兵器）。早期玉戈普遍尺寸较大；商朝晚期尺寸逐渐变小，小的仅4～5厘米；汉朝以后玉戈就不常出现了。

一层青灰色的涂料，还有布和丝帛一类的东西覆盖。

12月7日，挖掘了2个多月后，椁室周围的随葬品隐约露了出来，大墓没有任何被盗的迹象，这让考古队员们非常激动。

三门峡市文物局专家宁景回忆，随葬品很多，密密麻麻的没有下脚的地方。

清理完椁室的朽灰，外棺盖上密密麻麻地摆满了精美的玉璧、玉戈，玉戈摆放得非常整齐。

除了大型玉器，外棺盖和周围还有许多散乱的玉羊、玉猪、玉虎等小件物品。考古队员根据这些小件玉器都有穿孔的特点，判断外棺覆盖有丝或布做成的华丽棺罩，那些掉落的玉制小动物原来是缝在棺罩上的小饰物。

经过清理，考古人员惊喜地发现其中10件玉片上隐约有毛笔书写的文字，书写极其工整，显示书写人的认真和恭敬。

姜涛称，书写的内容有某某人参加了葬礼，某某人送了一匹马，某某人送了一些布帛，这样的一些"遣策"，在过去的发掘中极其少见。

"遣策"相当于后世的签到簿，这不仅是我国目前发掘最早的"遣策"，也是研究我国早期书法艺术的珍贵资料。

▲ 让专家们感到震惊的众多随葬玉器的出现，预示着大墓主人有着非同寻常的身份

在其中的一件玉片上发现有"南仲"字样。

如果"南仲"是人名，那么，南仲是谁呢？

姜涛说，据记载，南仲是西周宣王时期前后的一个重臣。

《诗经·小雅·出车》有"王命南仲，往城于方"的诗句，歌颂南仲带兵出征的凛凛风采。

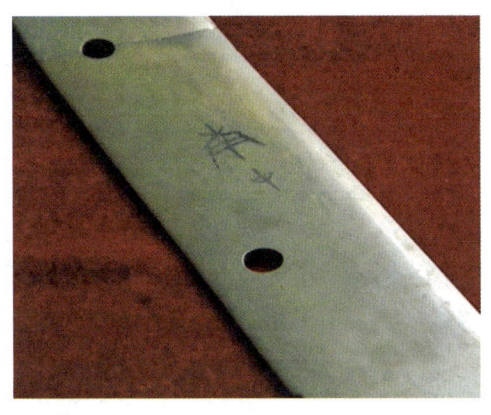

▲ 写有"南仲"字样的玉片，是研究墓主人身份的重要依据

能让这位战功赫赫的大将从西周的国都镐京来参加他的葬礼，这个人无疑应当是虢国的一位国君。

据史料记载，周宣王时期的虢国国君是虢文公。但在此前发掘的2001号墓，专家根据出土的文物已经判断它就是虢文公墓。如果这种判断正确，那么M2009号墓的主人就应该另有其人。

难道在宣王时期还有另一位虢国国君吗？如果有的话，他到底是谁呢？

M2009号墓室底铺满木板，板上铺一层席子，席子上放满密密麻麻的随葬品。这么多保存完好的陪葬品，让见多识广的考古人员都不敢相信自己的眼睛。

姜涛表示，这些东西入葬前都有包装，比如用箱子或其他东西把它装起来。

经过清点，发现这是一座西周时期规格最高的九鼎八簋大墓，其中仅青铜礼乐器就达120多件，圆腹蹄足与西周晚期王室鼎制风格一致。随葬九鼎八簋，象征着墓主人乃王侯之尊。

让考古人员惊讶的是，这座大墓随葬的编钟和编磬竟然是双套。出土的编钟一套为8件甬钟，一套为8件纽钟，它是目前我国考古发掘出

编磬：古代乐器的一种，用石或玉制作，十六面为一组。它的音色除黄钟、大吕、太簇、夹钟、姑洗、仲吕、蕤宾、林钟、夷则、南吕、无射、应钟等十二正律外，还有四个半音。编磬多用于宫廷雅乐或盛大祭典。鲁国是磬的原产地，相传孔子就是一位制磬高手。

国人暴动：西周末期，社会矛盾激化，都城镐京的国人因不满周厉王的政策，于公元前841年发起暴动，他们集结起来，手持棍棒、农具，围攻王宫，要杀死周厉王。周厉王出逃后，周公和召公暂时代理政事，重要政务由六卿合议，史称"周召共和"。这一年，也是中国历史确切纪年的开始。

土的年代最早的编钟。墓主人虽然没有突破西周最高九鼎的礼制，但把编钟和编磬成对地使用，足以显示他的富有和高贵。

器物铭文表明这座墓的主人叫"虢仲"，他生前曾辅佐周天子治国，有着不可一世的地位和权势。那么，"虢仲"是谁呢？

先秦史学专家蔡运章称，虢仲就是虢公长父，他是周厉王时期的执政大臣、卿士。

根据史料记载，虢公长父是虢国的第一代封君，曾担任虢国国君和周厉王的卿士。

关于虢公长父，史书中记载最多的是他辅佐周厉王征伐淮夷一事。

这场旷日持久的战争历时10多年，极大消耗了周王室的人力和物力。

蔡运章说，后来爆发了公元前841年的"国人暴动"，周厉王被赶出京城，流亡到叫作彘的地方（今山西省霍县），出现了中国历史上第一次"共和执政"。

公元前841年又是我国历史上有确切纪年的开始，共和执政维持了14年之后，周厉王死去，大臣们立太子即位，这就是周宣王。

好战又奸佞的虢公长父被视为引发国人暴动的祸首，所以"国人暴动"也被人称作"虢公长父之难"。虢公长父是在暴动中被打死了，还是随周厉王一起逃跑了？史书并没有记载。

难道虢公长父在国人暴动中逃回了他的封国并一直活到了宣王时期？在这深深的墓穴里，埋葬的是这位口碑不佳的虢国国君吗？

蔡运章称，根据文献记载和墓

▲ 铭文为"虢仲"的器物

中出土的铜器铭文，可以断定 M2009 号大墓的主人就是虢公长父。

M2009 号墓中还出土有大量的兵器，表明墓主人是一个尚武的人，这也符合虢公长父穷兵黩武的性格。

为更好地清理文物，考古人员把内外棺吊运到室内清理。打开裹着虢公长父遗骸的毛毡，众多让人见所未见的玉器出现了！

▲ 各种美玉几乎把墓主人包裹了起来

三门峡市文物局专家宁景通回忆，把毛毡剥掉，里面就是墓主穿得很薄的衣服，层次相当多。还有很多玉器。

墓主人头顶上叠压有 3 层玉器，面部覆有玉罩，颈部挂有 7 组玉璜组成的佩饰，胸部、肩部、骨盆、脚下摆满了各种玉器。

墓主人手中的玉握非常精美：左手握着青白玉，右手握着青玉，呈圆管状，周身饰旋转龙纹，均为西周时期的典型器物。那么，这些玉器是从哪里来的呢？

姜涛解释，据文献记载，周灭商后，从殷纣王那里俘获了很多玉器，拿来奖给灭商的有功人员和诸侯。

M2009 号墓内出土的器物多达 3600 多件（套），其中玉器 724 件，大部分为上乘的新疆和阗玉。玉器最多的是动物造型，活泼传神，充满了想象力。

姜涛称，M2009 号墓出土的玉器，是目前西周时期最顶尖的文物，把几大国家博物馆所有

> **和田玉：** 古名昆仑玉，原产西域莎车国、于阗国，已有上千年历史。和田玉是玉石中的高档品，也是我国国石的候选玉石之一。它是我国玉文化的部分内容，具有极其深厚的文化底蕴。而我国也是世界历史上唯一将玉与人性化共融的国家。

这个时期的玉器集中到一起，也没有这个墓出土的这么丰富和复杂。

考古人员根据史料和出土的有关文物，推算出虢公长父活了80多岁，身高约为1.68米。

至此，我们可以复原一下虢公长父的生活：在"国人暴动"中，虢公长父仓皇逃到了自己的封地虢国。逃回虢国后，虢公长父依然过着奢侈的生活。在宣王初年，垂垂老矣的虢公长父走完了自己的一生，虢国的臣民为他举办了一个奢华隆重的葬礼。

姜涛表示，两周时期的天子级墓葬没有一例面世，它就是目前所发现的最高等级的墓葬。它是西周葬制一个完整的体现，应该说它执行礼制比较规范。

20世纪90年代，虢国高级贵族墓葬区大规模的钻探与发掘，被评为"20世纪世界考古重大发现"之一。

目前已经探明虢国墓地总面积达32.45万平方米，出土各类文物3万多件。

蔡运章称，这批墓葬是虢国的公族墓葬，它前后经历170年左右，现在发现七八百座墓葬，已经发掘的有250多座。

虢国博物馆是依托西周虢国墓地遗址而建立的一座专题性博物馆，为加强管理和保护，1997年4月，河南省三门峡市征用土地，将虢国墓葬相对集中的10万多平方米土地圈进了博物馆院内。

虢国墓地遗址仍有500多处墓葬没有被发掘，里面埋藏着价值连城的文物。那么，在幽暗的地下究竟还埋有几位虢国国君呢？

三门峡虢国共有6任国君，第1任国君就是M2009号墓的虢公长父，最后一任国君虢公丑在晋国灭虢时逃到了东周的都城洛邑，这样看来，亡国之君的虢公丑不可能埋葬在虢国公墓里。

在虢国博物馆内，有一座在原址保留的大墓，这就是编号2001的虢国第2任国君虢文公的墓地。

虢文公是虢公长父的儿子，他的墓也是因为发现了盗洞才进行抢救性发掘的。盗洞距离地表已经超过11米。

姜涛回忆，盗洞严重到什么程度呢？再往下面挖掘10厘米左右，就是一个直径40多厘米的大鼎。

离盗洞仅仅40多厘米，考古队员发现了一件玉茎铜芯铁剑，铁剑长34.2厘米，剑柄用玉做成，剑身用丝织品包裹，被装在用皮革精心制作的剑鞘内。显然这是墓主人的心爱之物。

姜涛称，当时对这把剑做了检测，得出一个结论：中国人工冶铁的历史，又往前推进了200年。

这说明在西周末年，中国人已经学会了人工冶铁技术，这把铁剑也是中国目前为止发现最早的人工冶铁实物，被誉为"中华第一剑"。

虢文公和他的父亲一样，也是美玉的狂热爱好者，他胸前披挂的一组七璜联玉佩，由374颗不同质地、不同形状的饰件连缀而成，显得非常华丽。

▲ 大墓主人的缀面玉罩

墓主人的面部还覆盖着一些形制特别的玉片，这些几何形状不同的小玉片组成了一个"缀面玉罩"，罩在墓主人的脸上。

西汉时期，金缕玉衣开始流行，而它的雏形就是"缀面玉罩"。

虢石父是虢国的第3任国君，著名的"烽火戏诸侯"故事就和他有关。

《史记·周本纪》曾提到虢石父"奸诈好利"，他挑唆周幽王废掉申后和太子，立幽王特别宠爱的美女褒姒为皇后。后来，幽王为换取整日皱着眉头的褒姒一笑，竟点燃烽火来戏弄诸侯，出这个主意的人就是虢石父。

昏庸的周幽王最后招致众叛亲离。公元前771年，申国、曾国联合犬戎等少数民族部落攻破西周的国都镐京，周幽王被杀，新即位的周平王把首都东迁洛邑，西周结束了。

> **烽火戏诸侯**：出自《吕氏春秋》。西周时周幽王，为搏宠妃褒姒一笑，点燃烽火台，戏弄诸侯。褒姒看后果然哈哈大笑。后来幽王又多次点燃烽火，以至诸侯们不再相信烽火的示警，也不再率兵来救援。犬戎进攻的消息传来后，周幽王慌忙命人点燃烽火，可是诸侯们都不再理会。周幽王只好带着褒姒和儿子伯服仓皇出逃，途中被犬戎兵杀死。至此，西周宣告灭亡。

蔡运章表示，这次"犬戎之乱"，申侯和犬戎杀死周幽王，掳褒姒而去，把太子伯服也杀死了，但是史书上没有记载虢硕父的结局，按照年龄推断，虢硕父这时已经70多岁了。

1989年，三门峡公安部门在追缴的文物中，发现了一尊"簠"（古代祭祀时盛谷物的器皿，长方形，有盖有耳），上有"虢硕父"的字样，古代"硕"和"石"相通，显然这里的虢硕父就是虢石父。

这件"虢硕父簠"就出自虢国墓地，这说明虢石父也和他的爷爷虢公长父一样，在动乱中逃回了自己的封国虢国。

诸侯争霸，虢国第4任国君虢公忌父和第5任国君虢公林父，忙着为周王室讨伐反叛的诸侯，并多次攻打晋国。但他们总算得到寿终正寝，虢公忌父和虢公林父这两位曾经不可一世的国君也

▲ 虢硕父簠

应该深埋在这片黄土之下。

正是因为他们的穷兵黩武，耗尽了国力，以至于后来被晋国"假道伐虢"，曾经风光一时的虢国终于消失在了春秋时期滚滚的狼烟里。

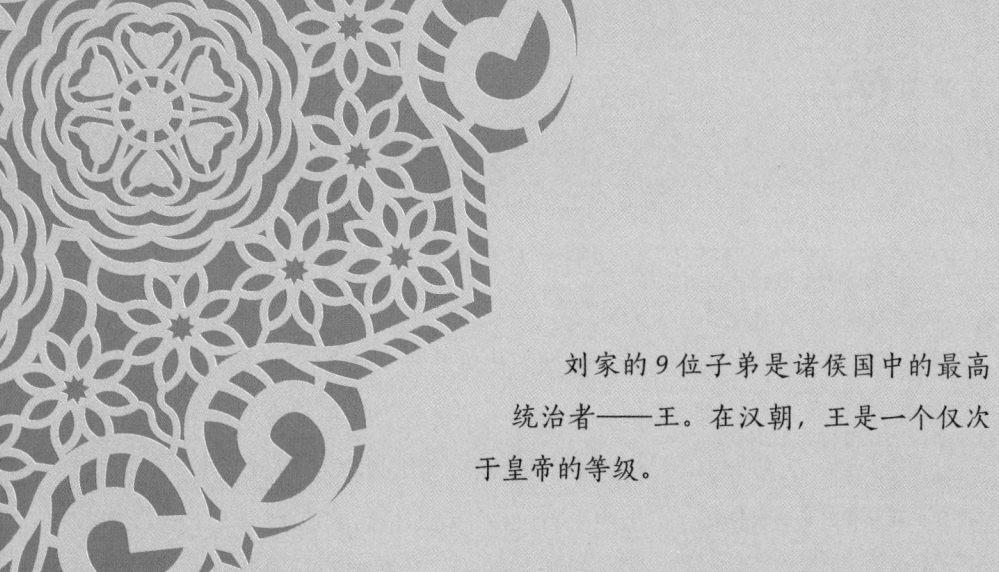

刘家的9位子弟是诸侯国中的最高统治者——王。在汉朝，王是一个仅次于皇帝的等级。

双乳山汉墓

一、神秘的诅咒

公元前195年，汉高祖刘邦感到自己将不久于人世，便将群臣召至殿前，吩咐下人杀了一匹白马，与大臣们歃血为盟。大臣们一起重复着刘邦的誓言："非刘氏而王者，天下共击之"。声震屋瓦。随后，刘邦将全国二分之一的土地分给刘氏的9位子弟，每块土地上建立一个诸侯国。

刘邦实行分封制是从秦国的灭亡中吸取了教训。秦始皇统一中国后采用的是郡县制。秦国灭亡时，起义军攻入秦国的都城咸阳，没有一个地方官员出兵相救。因此刘邦认为，外姓人是靠不住的，血缘关系才是最牢靠的纽带，只有自己家族的人最可靠，所以，他把天下分封给自己的同姓兄弟。事实上，无论是分封制还是郡县制，都

分封制：分封制度萌芽于夏朝，盛行于西周时期，它是国君将田邑赐给宗室臣属作为俸禄的制度。在分封制下，受封的诸侯在封地内不但享有行政统治权，而且拥有对土地和人口的管理权，但受封的诸侯必须对天子尽一定的义务。分封制体现了"薄天之下，莫非王土；率土之滨，莫非王臣"一统天下的政治局面，各封国具有保卫王畿、保护国君绝对安全的义务，有一定的进步意义。但是，由于各诸侯国在封地上拥有绝对的统治权，在一定的条件下，这些王国将演变成完全独立的国家，将直接或间接地威胁国君的安全，往往酿成分裂的政治局面。

> **郡县制：** 中国古代继宗法分封制度之后出现的以郡统县的两级地方行政制度，盛行于秦汉。春秋战国时期已有县、郡的设置。从现有文献资料看，县的设立当以楚国为最早。至战国时期，县的设置已较广泛，并由采用都鄙制度和世族世官制的县制转变为作为地方政权而实行官僚制度的县制。郡的设置要较县为晚。秦统一六国后，郡县制遂通行于全国，汉继秦制，比秦更为严整。

是统治者为了巩固自己的中央集权统治而采取的方式。

虽然刘邦将土地、财产分封给了自己的子弟，但并不是每一位被分封的王都像刘邦所希望的那样忠于中央政府，巩固刘氏政权。《汉书》中记载，历史上有一位王在即位后的第12年与自己父亲的王后和爱妃乱伦，并在祭祀时诅咒皇帝。皇帝派人将其捕进京城，王拔剑自刎而死。这使考古学家任相宏回忆起几年前一次难忘的考古经历，当时的挖掘似乎正好印证了这段历史故事。

济南市长清区的双乳山村是一个小村落。村西古道边有一块石碑，碑文写道："庄前旧有双乳山一座，虽非出名大山，庄中赖以平安。凡接脉之处与庄内有关，向传如有开动接脉之处，庄中即出不意之祸。是以屡次禁止多年，无人开动取石。"石碑上的文字似乎是某种神秘的诅咒。

20世纪70年代以后，双乳山村人口激增，村民难以维持正常的生活。这时有人打起了村里那座小小的石头山——双乳山的主意。村民们开始开采山石，外运牟利。借着山石，村民们开始红红火火地圆他们的发财梦了。但与此同时，却隐隐传来一丝不和谐的音符。几位村民相继染病，并且得病的人后来或死或疯，都未得善终，村头增加了几座新坟。

尽管人们都知道村民的生病和死亡与石碑不可能有关系，但碑上的诅咒还是给双乳山披上了一层神秘的色彩。加之许多迷信的说法，村民觉得似乎就是那个诅咒的惩罚。在一种恐惧和敬畏的复杂心情中，人们停止了采石的行为。然而许多年过去后，村里的年轻人又开始动起了双乳山的念头。他们不顾老人们的一再劝阻，以更快的速度吞噬着双乳山。

1995年6月的一天，山东大学考古系的任相宏教授突然接到了一个电话，电话里传来的是长清区文物局何局长焦急的声音，他说双乳山村的村民开采石头时，在双乳山的石层中发现了类似人工开凿的石壁。希望任相宏教授能马上到现场勘查一下，是否发现了古墓。

长清区隶属于山东省省会济南市，距离济南市区 70 千米。发现人工开凿石壁的地方就是双乳山。为了躲避黄河的泛滥，当地许多村民把家安在了双乳山上，也就有了现在的双乳山村。据村民介绍，历史上这里有两个突出的山包，从远处看类似双乳，因此被当地人叫作双乳山。后来由于村民开山采石，把两个山包基本都削平了，现在已经看不到双乳山当初的样子了。

上午 9 点多，任相宏赶到了双乳山村，何局长派人把他带到了现场。任相宏马上展开了勘察。现场有两段石壁，石壁中央好像是一条通道。如果是人工开凿出来的话，它应该是一座巨大陵墓的墓道。但这只是一种猜测，必须寻找证据。在已经被炸开的岩壁上，任相宏仔细地观察着。突然他停了下来，他在一块岩石上看到了人工开凿的痕迹。任相宏开始兴奋起来，他又绕到了岩壁的上方，他在这里看到了更加令人吃惊的景象：这里露出了一段整齐的岩石墙壁，石壁上布满了凿子的凿痕。

任相宏说，从这些现象来看，是墓葬没错了，而且被破坏得比较严重。

任相宏决定马上对现场进行进一步勘查。从已经露出的墓道来看，最深的地方达到了 4 米左右。任相宏在墓道的封土层上用洛阳铲进行探测，想看看墓道是否能继续向地下延伸。结果，洛阳铲向下打了一段很深的距离。

任相宏称，这个深度是 14 米。我们打下去 14 米，上面还有 4 米。这样来算，一共是 18 米，就是墓道的最深处。

墓道必然与墓室相连，也就是说，墓室应该埋藏在比墓道还要深的地下。

墓道：墓道，礼书中称羡道、隧道。古人在为高官或名人营造坟墓时，在坟前立墓碑之外，还开辟一条通道称为"墓道"。在实际作用上墓道，具有出土的功能，同时古人认为墓道为死者灵魂出入之路，阳世之路。墓道的分布方向、型制及墓道中的陈设与古代礼制、等级制度有密切关系。

洛阳铲：了解地下情况的考古钻探工具，为过去洛阳盗墓人所发明。头部铁制，呈半筒状，装在木或铁的长柄上，柄端能系长绳。使用时用手握持，逐渐下探。当探眼深于铲柄长度时，持绳下放，利用下掷的力量和探铲本身的重力继续下探，可达一二十米深。通过铲头带上的泥土和其他物件或痕迹，可了解地下的土层堆积情况，判知有无文化遗存及遗迹的范围形状等。

任相宏称，墓室的深度比墓道还要深。就这个墓的这种大规模，当时我们推断深度可能在 4 米左右。

任相宏所说的 4 米是指墓室继续向地下延伸的距离，加上墓道的深度 18 米，墓室应该在地下 22 米深的地方。

22 米相当于今天 10 层楼房的高度，说明这座陵墓的规模十分宏大且规格非常高。从墓道的情况判断，陵墓是在石头之中开凿而成的。规模如此之大的陵墓，其开山凿石量也必定十分巨大。这就必须拥有强大的财力和物力，才有可能修建此种规模的一座陵墓。任相宏推测，陵墓的主人绝非寻常人，可能是古代的某位帝王。

任相宏回忆，当时我们也比较吃惊，在这个地方竟然有这么好的墓葬，我们也比较兴奋。

任相宏用罗盘测量了墓的方位，发现这座大墓的墓道正对北方。墓道一般代表墓的朝向，即这座陵墓是面北而建的。中国古代帝王的陵墓一般都是面南背北而建，这显然与传统的陵墓修建习惯不同。对于这个不同以往的情况，任相宏一时也想不出答案。这时，他想到了村西口的石碑，碑上的诅咒似乎与这座陵墓有着某种联系，有可能就是造墓者刻下的。石碑上的诅咒使这座陵墓变得更加神秘了。

初步探查之后，任相宏继续在现场仔细搜寻。古墓的封土已经被挖开，墓道暴露无遗。任相宏推测，墓中的文物有可能会散落出来，在附近或许能够发现一些线索。然而，结果却令他失望，找来找去仍然一无所获。

不知不觉，任相宏走到了附近的一户村民家门口，任相宏决定进去询问一下。这一户村民正在收拾农具，看到有陌生人到来，颇有些诧异。任相宏向他询问是否在附近拾到过什么异常的东西。村民说有，他在门前的泥土中捡到过一把像凿子似的东西，已经锈得很厉害了，根本无法使用。村民摘下箩筐，拔出墙缝中插着的楔子递给任相宏。任相宏仔细一看，这是一块锈迹斑斑的生铁。

任相宏说，是凿墓的凿子，与凿墓有关系，是铁的。

任相宏来到村口，继续询问其他村民。其中一位村民说在采石场曾捡到过几枚铜钱。在这一带的农田里经常能找到铜钱，所以他根本就没当回事，捡回来后随手就扔在屋子的窗台上。任相宏来到村民家，果然看到了几枚铜钱。

任相宏回忆，是五铢钱。五铢钱是西汉五年开始做的。元狩五年之前，是半两。如果这个五铢钱是这个墓里的，那么这个墓葬最早的年代不会超过西汉元狩五年。

五铢钱：汉至隋朝带有"五铢"钱文的铜质圜钱。始铸于汉武帝元狩五年（118）。"铢"是当时的重量单位，据《汉书·律历志上》，二十四铢为一两。隋朝统一币制铸隋五铢，唐初行开元通宝，五铢钱被废。

如果这些铜钱来自这座古墓，这座陵墓应该是西汉时期修建的。任相宏知道，在西汉时期，下葬之时会进行祭祀活动，这些铜钱可能是祭祀时埋在封土中的。封土挖开后，铜钱也就暴露了出来。发现五铢钱为判断陵墓的时代提供了重要的线索。而且，这是一座开凿在石头山中的墓葬。任相宏知道，凿山为陵是西汉时期陵墓的重大特点。五铢钱和墓的形制都指向了同一个历史时期。

任相宏称，根据钱币、铁器，以及墓葬所在的位置，我们基本的推测是，这是一个西汉时期的墓葬。

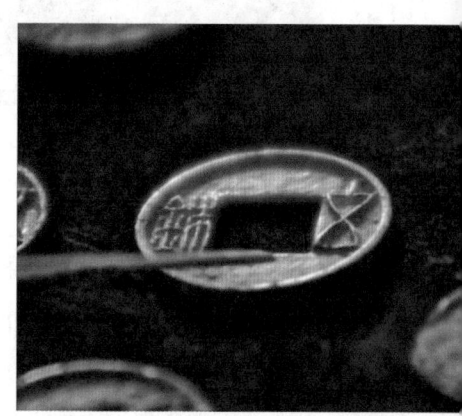

▲ 双乳山发现的五铢钱

如果双乳山上的陵墓确实是西汉时期的，它的主人会是谁成了所有人最关心的问题。回到山东大学的任相宏也一直在思考这个问题。

《汉书》中记载，公元前178年，汉文帝把长清区这一带封为济北国的领地，济北王是这里的最高统治者，他的身份正好符合双乳山陵墓的规格。于是，任相宏推测，双乳山陵墓的主人或许是一位济北王。

发现陵墓的长清区距离黄河不远。由于黄河每年带来的泥沙，两岸平原上的历史遗迹大多都被掩埋在深深的黄土之下。就在任相宏研究史料的同时，一项新的考古发现从另一个侧面为他的推断提供了证据。

在双乳山村北 5 千米远的地方，任相宏发现了一个废弃的鱼塘。鱼塘比地面低很多，由于一直有水，黄河的泥沙在塘底只覆盖了浅浅一层。

任相宏称，在鱼塘底部的东边保留了一排窑，在窑的附近有大量的建筑材料。

▲ 古代建筑用的瓦当

任相宏在鱼塘底部发现了许多古代的建筑材料，有半瓦当、圆瓦当、筒瓦、墙砖等，瓦当上的纹饰是卷云纹，砖上有菱形纹、回形纹。

任相宏解释，这是汉朝常见的一些砖瓦，我们可以断定这个窑是西汉时期的。根据这个窑发现的一些遗留物，可以看出当时这个窑规模很大、专业性很强。当时一些盆，如今没有见到过，就是建筑材料。

发现如此大型的建筑材料专业作坊，说明附近一定有城市存在。离砖瓦窑不远的地方确实有一座古城遗址。由于黄河从附近流过，泥沙早已把古城的一切埋在了深深的地下。只有这一段残破的城墙，告诉人们这里曾经车水马龙，人声喧哗，当地人把这里叫作卢国故城。

在卢国故城附近有几座村庄，它们的村名非常奇怪，有国街村、贺街村、赵街村等。用"街"字作为村名在其他地方并不多见，这些名字很可能就是当年卢国故城中街道的名称。当卢国故城被黄河泥沙逐渐掩埋后，城里的居民迁到了附近地势高的地方居住，但城中街道的名字却被保留了下来，一直使用到现在。这从另一个方面证明卢国故城当年确实是一个热闹非凡的城市。

史书记载，汉朝济北国的国都就在长清区西南 7.5 千米处，因此，卢国故城很可能就是当年汉朝济北国的都城。汉朝的诸侯王多将陵墓选在自己的都成附近。卢国故城就在双乳山汉墓北边 5 千米的地方，正是墓道对准的方向。

陵墓面对家乡，正好可以解释为何墓道朝北而不是面南。因此，双乳山汉墓是西汉济北王陵的可能性非常大。

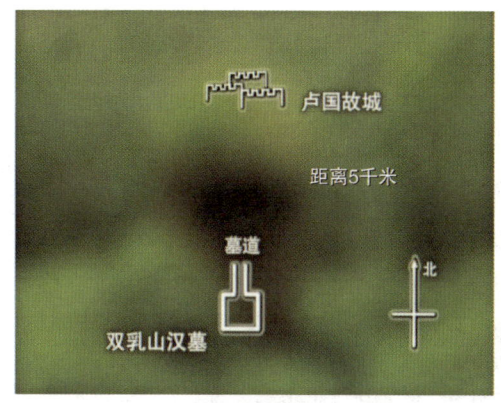

▲ 墓道简图

史料记载，历史上共有5位济北王。要确定墓主人是谁，任相宏想到了在双乳山上发现的五铢钱。五铢钱是公元前118年铸造的。在陵墓的封土中发现五铢钱，说明墓主人下葬的时间必定在公元前118年之后。在这个时间之后下葬的济北王只可能有2位：公元前97年去世的刘胡及他的儿子公元前87年去世的刘宽。

任相宏说，最终确立这个墓主人就是两人中的一个，即刘胡、刘宽父子两人。

在双乳山附近有一座福禄山，任相宏认为这可能也是一座汉朝王陵。从封土来看，规模比双乳山陵墓小一些，有可能是在位11年的刘宽的陵墓。刘胡在位54年，有时间为自己修建更大的双乳山汉墓。

任相宏回忆，当时我们认为，11年是不能做成这么大的墓穴的。尽管汉朝时期的生产水平要比之前的周朝高得多，但要在11年内建造这么大的墓穴，也是非常困难的。所以，基本上倾向认为是刘胡的陵墓。

公元前151年，刘胡出生于一个显赫的家族，祖父刘长是汉朝开国皇帝刘邦的小儿子，曾被封为淮南王。刘长十分勇武，能扛起大铜鼎，但也骄傲放肆，不守法度。曾经为了给母亲报仇，亲手杀死了辟阳候审食其，并提着砍下来的人头面见汉文帝。文帝因与其是兄弟关系而没有治罪于他，此后刘长愈加骄横，最后由于刺杀皇帝篡位的计划失败，被捕后绝食自尽。此时，汉文帝又动了恻隐之心，没有追究他的罪责，反而厚封他的4个儿子。汉景帝时期，又加封为王。其三子刘勃被封为济北王，刘勃死后，儿子刘胡继承了济北王王位。

二、陵中碎玉

鎏金：古代金工传统工艺之一。近代称"火镀金"。系将金溶于水银之中，形成金泥，涂于铜或银器表面，加温，使水银蒸发，金就附着于器表。其工艺流程大体分5个步骤：做"金棍"、煞金、抹金、开金、压光。二里头文化三期所出土铜刀刀背细纹间见有鎏金痕迹，可能是我国最早的鎏金实物。

1995年，双乳山汉墓的发掘工作开始了。由于开山采石，陵墓已经被破坏得很厉害了，打开陵墓后，任相宏看到了许多意想不到的景象。

陵墓被打开后，最先清理的是墓道。考古队员们在靠近墓室的泥土中发现了骨头。整个骨架清理出来之后，发现是一匹马。在马匹的附近，又发现了马车的配件。考古队员继续清理，不断有马匹和马车配件出现。最后一共挖出7匹马，大约三、四辆马车的配件。马车上的饰件都是鎏金的青铜器。虽然掩埋千年，但在铜绿下仍然闪出金光。

▲ 二号车鎏金青铜弯颈盖弓帽集合（上）；二号车鎏金青铜带扣（下）

◀ 济北王陵二号车出土全景

◀ 任相宏等在分析马车结构

任相宏回忆，20多平方米的地方，金光一片，晃得我们眼睛都花了。

如今，这些马车饰件陈列在长清博物馆中，金光闪闪，令人眼花缭乱。由此可以看出，当年使用它们的人，其生活是多么奢华。根据出土的马车配件，长清博物馆复制了其中较小的一辆马车。从其他配件上可以估计出，这是墓主人随从乘坐的车。还有的马车比复制的这一辆大得多，结构更加复杂，装饰也豪华得多。

任相宏称，诸侯王墓殉葬大量使用真车马盛行于西汉武帝时期，据目前

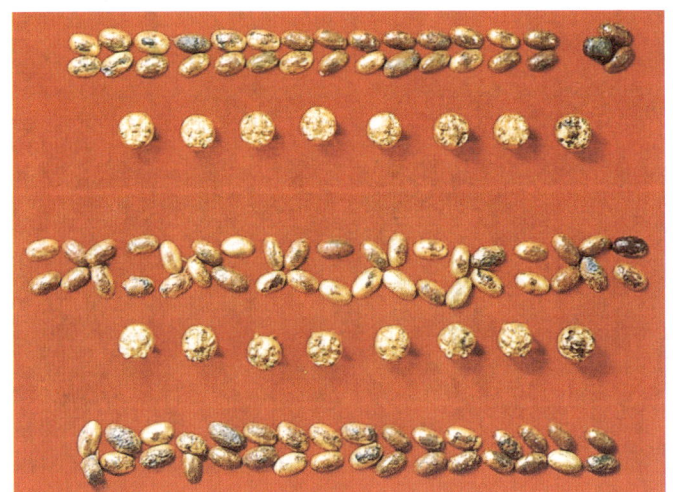

◀ 济北王陵出土的二号车鎏金铜泡（左上）；济北王陵出土的四号车青铜饰件（中间）；内棺盖顶一角的彩绘图案（右上）；外棺盖顶大铜盘下的漆案龙纹（左下）

考古发现,只有诸侯王墓才有真车马,以下等级未见。看到王车太让人兴奋了,大家对出土珍贵文物的期望值更高了。

4月,王陵的墓室被挖开了,墓主人的棺椁已经腐朽成灰了,但考古学家仍然能够从泥土中分辨出木板的痕迹。

任相宏表示,经过清理,椁的痕迹比较清晰,外面一个,里面还有一个。两个椁之间还有空间,南边一个空间,东边、西边,我们称为边隙。棺椁之间空间比较大,每一个都放随葬品,这个是非常清楚的。

在两个椁板的空间里,考古队员发现了许多陪葬的物品。大量的食物都早已经腐烂,但许多铜器都完好地保留了下来。如此大量的青铜陪葬品,而且制作质量很高,说明使用这些器具的人绝不是普通的富豪之家,铜器的主人一定是当年显赫的人物。

挖掘工作继续进行,清理完墓室中的椁后,考古队员开始清理墓室中的

▲ 济北王陵出土的大铜鼎

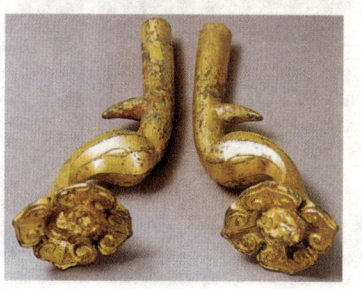

济北王陵出土的二号车 ▶
鎏金青铜弯颈盖弓帽

▲ 济北王陵出土的二号车鎏金铜泡（整理后情形）

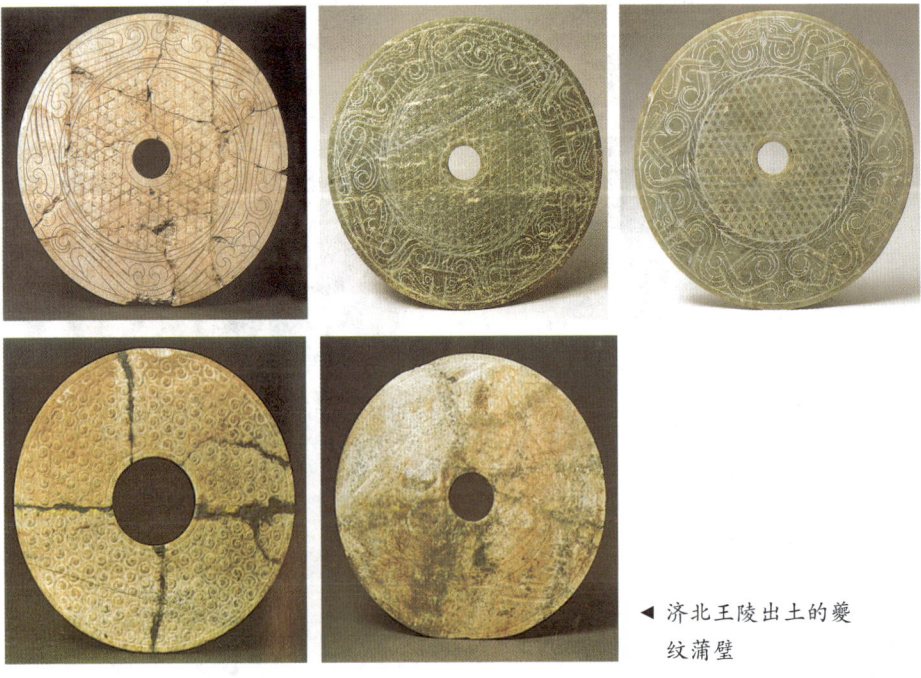

◀ 济北王陵出土的夔纹蒲璧

棺。在泥土中考古队员发现了漆皮，这是从早已朽掉的棺木上剩下的。

任相宏称，几个棺木套在一起，我们必须在把它剥离的过程中，判断出从哪里到哪里是一层的，有漆的痕迹，能推断有几层棺木。

从泥土中漆的痕迹，考古队员们发现，墓主人使用了三层棺木，这三层棺木是套在一起的。也就是说，墓室中用两层椁板搭了一个椁室，然后在椁室中放上了套在一起的三层棺木。墓主人应该就躺在这三层棺木之中。两重椁三重棺正是汉朝王入葬的规格，这又为双乳山汉墓的墓主人身份提供了重要证据。

▲ 济北王陵出土的铜熏炉

据史料记载，9位刘家的子弟被封为诸侯王后，并没有按刘邦预期的那样去稳固刘家的江山，相反，随着各个诸侯国财力的增长，诸侯王的野心也开始增加，一个小小的诸侯国已经不能满足他们的欲望。汉景帝三年，吴王刘濞联合七国，起兵反叛中央政府，战火很快烧到了汉朝疆域的北部、东部和南部的大部分地区，这就是历史上有名的七国之乱。汉景帝出兵镇压，历时3个月才平息了这场叛乱。

七国之乱后，中央政府决定削减诸侯国的实力。汉武帝即位后的第3年冬天，开始实行"推恩令"计划。当时诸侯王的子弟众多，但是只能有嫡长子一人继承王位。如果以推广皇帝恩泽的名义把土地再分封给诸侯的子弟，看起来是皇帝厚待他们，实际上却使每个封国的面积都化整为零，渐渐缩小，再也不足以与中央朝廷抗衡。

> **七国之乱：** 又称作七王之乱，发生于西汉初期（公元前154）。由于奉行"无为而治"，刘姓诸侯的势力日益壮大，处处与中央对抗。汉文帝时已感到藩国的威胁，便开始削弱诸侯势力。汉景帝初年，御史大夫晁错建议削藩，景帝听从，引起以吴王刘濞为中心的7个刘姓诸侯的不满，兴兵作乱。七国是指吴、楚、赵、胶东、胶西、济南、淄川。他们以"诛晁错，清君侧"为借口叛变，欲夺景帝皇位，景帝在众臣的压迫下被迫杀了晁错，而七国之乱不但没有停止，还闹得更凶了。景帝无奈，派太尉周亚夫、大将军窦婴率军镇压，用了3个月的时间，终于平定了七国之乱。而且汉景帝又借机削落诸侯国领土，并把诸侯任免官吏的权力收回，自此，诸侯名义上是封君，但已失去实权了。

> **推恩令：**汉朝汉武帝时期推行的一个旨在减少诸侯的封地，削弱诸侯王势力范围的一项重要法令。汉初，诸侯王的爵位，封地均由嫡长子单独继承，其他庶出的子孙得不到尺寸之地。虽然文景两代采取了一定的削藩措施，但到汉武帝初年，诸侯势力不断强大，严重威胁着汉朝的中央集权。因此公元前127年，武帝采纳主父偃的建议，颁行"推恩令"，规定诸侯王除以嫡长子继承王位外，其余诸子在原封国内封侯，新封侯国不再受王国管辖，直接由各郡来管理，地位与县相当。这使得诸侯王封国越分越小，势力大为削弱，但名义上没有进行任何的削藩，避免激起诸侯王武装反抗的可能。

> **满城汉墓：**西汉中山靖王刘胜墓及其妻窦绾墓。在河北省满城区陵山上。1968年发掘。刘胜墓长51.7米，最高处6.8米，用一棺一椁，置于汉白玉棺床上；窦绾墓长49.7米，最高处7.9米，有棺无椁。两人均以金缕玉衣为殓服。两墓规模巨大，随葬品丰富，对研究汉朝历史和考古有重要价值。

虽然刘胡济北国的领土也被削减了，却并未影响其贵族的身份。作为诸侯王，他仍然可以过着奢华的生活。只要不危及自己的统治，中央政府对于诸侯王的穷奢极欲、铺张浪费是从不干预的。因此，诸侯王死后都能为自己修建巨大的陵墓，使用丰富的陪葬品。

1996年5月中旬，双乳山汉墓的发掘工作已经到了最后也是最关键的时刻，考古人员开始清理停放尸体的地方，所有人都在期待玉衣的出现。

任相宏称，一般来说，汉朝王陵都是使用玉衣。我们推断这是一个王陵。从车马制度看，是王，证明这个推断没有错。

玉衣，是汉朝的皇帝或者诸侯王下葬时所穿的用玉片做的衣服。国内最早发现的玉衣是在河北的汉朝王陵——满城汉墓中，中山王刘胜及夫人各穿了一件玉衣。江苏徐州狮子山汉墓的楚王陵中也出土了一件金缕玉衣。汉朝人比较迷信，认为玉可以防腐，相信穿了玉衣以后尸体可以一直不腐朽。在汉朝，玉衣几乎成了王陵的一种象征，代表着一种等级。作为济北王陵，出土玉衣的可能性非常大。为了保证珍贵文物出土时的安全，考古队连武警部队都联系好了。

任相宏称，我们做了很多的技术准备，如果的确是玉衣，我们该怎么提取，怎么把编号编辑起来。

考古人员非常细致地一层层除去泥土，地上露出了一块玉石。扫去泥土后能够看清，似乎是用玉雕成的某种动物的头。所有人都知道已经接近尸骨了，尸体的周围一般都会陪葬最珍贵的物品。大家屏住呼吸，小心翼翼地继续往下清理。果然,又有玉片出现。任相宏拨开的泥土下露出了一个类似鼻子的东西,找到玉衣了!周围的人兴奋起来,大家紧盯着任相宏手里的竹签继续剥去泥土,地上出现了一个用玉片做成的类似人脸的东西,可以看出五官的样子。但在这件东西附近,没有发现和它相连的其他玉片,大家翘首期待的玉衣却一点踪迹也没有。

任相宏表示,我们原先期望值是比较高的,想发现玉衣,虽然嘴上不这么说,但是心里都这么想的。一旦没有发现,就有些接受不了,感到很失望。

河北满城汉墓中山靖王刘胜夫妇的两套玉衣,由2000多块玉片连缀而成;徐州狮子山楚王陵中发现的玉衣也有2000余片优质的和田玉。然而,与中山靖王和楚王地位相同的济北王,为何却只是用了十几块仅仅能够盖住五官的玉片来作为陪葬呢?这十几块玉组成的五官叫作玉覆面,在其他陵墓中也曾发现过。

任相宏说,发现玉覆面,汉朝是有这个传统的,徐州的汉墓也出现过玉

▲ 济北王陵出土的玉面板和玉枕足(上图);复原后的玉枕和玉枕兽头饰(左下、右下图)

▲ 济北王陵出土玉覆面结构图

覆面,但是级别低,没有玉衣高。是低一级的侯,甚至比侯还低。

玉覆面是玉衣的早期形态,在战国时期就开始出现了。最初贵族下葬只是用玉覆盖五官,后来用的玉越来越多。到了汉朝,整个身体都包裹在玉内,也就是玉衣。

身处汉朝的济北王没有使用玉衣,却使用了简化的形态——玉覆面。这个不正常的现象令任相宏想起了封山碑上的神秘诅咒,从一开始,这座陵墓就笼罩着某种神秘气氛,现在这种气氛似乎更浓了。

在发掘过程中,任相宏发现,陵墓中不仅没有陪葬玉衣,而且其他陪葬的玉器也非常少。尽管发掘工作还没有彻底结束,但文物库中只收集到了几十件玉器。其中,玉璧只有5件,且玉的质地不好;而口晗、鼻塞、耳塞、肛塞之类的常规葬玉却占了大多数。同样是汉朝诸侯王的陵墓,与其他几个陵墓相比,济北王陪葬的玉器是极为简陋的。这是很不正常的现象,因为在中国的历史上,尤其是在汉朝,玉器的贵重程度甚至超过了黄金。

任相宏解释,汉朝时期讲究制度,墓葬的等级反映生前的等级,反映出死者是哪一个层次的。只有诸侯王才能是玉衣。最重要的问题就是反映等级问题。另外,在汉朝时期还反映一个重要方面,就是比喻一个人的品德问题。汉朝主要是这两个方面。

河北中山靖王刘胜夫妇的墓中曾出土了大批精美的玉器。上等质地的玉璧69件,还有玉剑饰、玉璜等;广州西汉南越王墓中陪葬了244件玉器;徐州狮子山楚王陵虽已被盗,但仍然发现了200余件玉器,且玉质精良,雕琢工艺精湛。

如果是因为国力衰弱,没有财力置办精美的玉器,却为何又能够建造如此大规模的陵墓?双乳山汉墓的开山凿石量达到了8000立方米,超过了徐州狮子山楚王陵的工程量,这在国内已发掘的汉朝诸侯王陵墓中是非常罕见的。由此看来,陪葬玉器的稀少无法用财力不足来解释。

任相宏称,这个现象太反常了。他的车马制度都是王的。但从玉的方面来看,和车马制度、棺椁制度是不统一的,出现了很大的反差。

西汉时期,何种身份的人使用何种等级的陪葬品是有严格规定的。也许出于某些原因,使这位济北王被剥夺了用玉陪葬的权力。一定有一些意想不到的事情发生在了墓主人身上,任相宏回到山东大学,再次埋头史料中。

通过对史料的研究,任相宏开始怀疑自己最初的判断。他发现刘胡虽然在位54年且更有理由修建如此大规模的陵墓。但刘胡是寿终正寝,这就没有理由不使用玉衣作为陪葬。任相宏开始把目光转向刘胡的儿子,这个最初并没有引起他足够重视在位11年的济北王刘宽。

任相宏表示,我们起初不愿意得到这个结论,那就是刘宽,转变墓主人的思考,我是不情愿的。一开始推断已经说出去了,把自己的推断再推翻,觉得很没有面子。但是以前的判断失误了,就必须要实事求是。

出生在王族之家的刘宽像众多诸侯子弟一样荒淫骄奢,终日游手好闲,驾车游乐,横行霸道。汉武帝四年,在位54年的刘胡去世,刘宽即位。成为济北王后的刘宽更加没有约束,

▲ 王出行仪仗

自由放荡，无法无天。刘宽即位后第12年的一天，后宫里又传出淫乐的声音。宫中所有人都早已经习惯了这种声音，然而当送酒的伺者看到眼前的景象时，还是被惊呆了。济北王刘宽正在和自己父亲的王后和妃子淫乱。这是乱伦，在注重礼仪的汉朝绝对是大逆不道的行为。然而刘宽并未因此被杀，汉书中没有记载原因。但是可以想象，刘宽乱伦的事很快就传了出去，传到了当时的皇帝汉武帝的耳中。武帝对这件事似乎并不以为然，刘宽毕竟是武帝的亲戚，而且并未威胁到中央政府的统治，所以汉武帝并没有马上采取措施。

发掘工作仍在继续，大家都认为玉覆面的下面应该有头颅，但出乎所有人的意料，玉覆面下没有看到墓主人的头骨，而是露出了玉枕头。陵墓之中不可能没有骨骸，这会不会是一个假墓呢？

任相宏称，这个怀疑大约持续了1个小时左右。仔细观察后，确定还是有墓主人的。但是墓主人的骨骼全部朽成了粉末，和棺木的漆很难区分。

在玉枕的内侧，也就是墓主人脖颈所在位置的泥土中，任相宏手里的竹签又碰到了什么东西。用刷子扫掉泥土后，任相宏发现泥土中露出了十几块非常小的玉石，玉石淡淡地散发着神秘的光泽。谁也不知道它们是做什么用的，而且为什么要埋在墓主人的脖颈下面。

这十几块小玉石的出现成为当天发掘最令人大惑不解的事。回到驻地，任相宏开始仔细端详，他发现这些玉石似乎是某种玉器的碎片。于是，他尝试着开始进行拼接，碎片并不太多，按照缺口的裂纹，任相宏的眼前很快就出现了一件玉器——玉剑璏，剑上的一种饰品。在汉朝，用玉装饰后的剑一般不作临阵之用，而是一种仪仗

> **剑璏**：剑璏是镶嵌于剑鞘上，供穿戴佩系之用。璏俗称文带。璏在几种剑饰中占的比例最大，以汉朝出土和传世的数量最多。璏嵌于剑鞘中央，正视为长方形，其上雕琢云纹、兽面纹、螭虎纹等纹饰。底下有一方框，便于革带穿过，可固定剑于腰带上。目前所见最早的玉剑璏是战国时期的，汉朝剑璏体积较战国加大，下面的孔高于前朝，孔的上壁厚于下壁。剑璏表面用勾撤法起边挖地，雕出边框，并雕琢有螭虎纹和兽面纹，制作细腻，磨制光滑。

器，是显示一个人身份地位的标志之一。玉剑璏代表了一个人极高的地位和身份，用它陪葬是上流社会贵族的惯例。但令人不解的是，为何这两件玉剑璏是破碎的。

任相宏表示，玉剑璏的玉质很好，硬度很高，一般是砸不碎的。玉覆面都没有坏，玉剑璏在颈下更不应该坏。

玉剑璏在玉枕旁边，玉覆面的下面。同样是玉质的东西，如果陵墓塌陷，肯定把玉覆面和玉枕也压碎了。对于为何唯独玉剑璏是碎的，任相宏推测只有一种解释。

任相宏认为，这个地方不应该出现这个东西，出现这个东西，我们非常有把握，这个东西就是被入墓的时候，人为地砸碎的，是否有什么含义呢，这是不正常的现象。

帝王的陵墓中，陪葬品的使用一般都是有讲究的。这两块粉碎的玉剑璏代表又给双乳山汉墓笼罩了更为神秘的气氛。

三、王之不王

双乳山汉墓的发掘工作仍在继续进行，在墓主人身体的一侧，考古人员发现了一把铁剑，估计是墓主人的佩剑。在尸体的腰部，发现了一块小金饼。任相宏和同事们把停放尸体的棺床清理了出来，尸体已经全朽了，连一颗牙齿也没剩下。但依稀能够看出人体的轮廓，看来这位王者身材比较魁梧，和他的祖先——能够扛起大铜鼎的淮南王刘长颇有几分相似。这时天色近晚，当任相宏小心翼翼地移开玉枕，所有发掘队员的目光都集中到了这里。随着泥土被拨开，在玉枕下面又发现了许多金饼。一枚接一枚，一共发现了19枚，黄灿灿一片。考古队员们兴奋异常，大家开玩笑说看来要找值钱的东西，就应该直奔枕头下面。

任相宏称，这个完全出乎意料。原先我们盼望出土玉衣，但没有。我从来没有发现过金饼，无论如何也不会想这么多。发现金饼以后，大家非常

▲ 金饼和玉枕出土情形（左上）；
椁室西边同期出土情形（左下）

兴奋。

  这些金饼属于上等货币。西汉时期，这样的钱币在市场上也是很难流通的。金饼的总重量接近 5 千克，它们应该是储备用的黄金，是财富的象征，绝非普通人能够拥有。

任相宏说，金饼出在墓葬里面，就属于墓主人的财产。这再一次证明，这个墓葬应该是王陵，没有问题。

有些金饼依稀能够看出面上刻有一个"王"字，这更加证明了拥有这些金饼的人应该是一位王，这位"王"可能正是陵墓的主人。取出金饼后，陵墓里的文物已经被全部清理干净了。这时任相宏发现，在所有的文物中，居然没有印章。

任相宏表示，我们清理得非常仔细，所有的土都经过筛选。虽然做得这么仔细仍然没有发现印章，这是个很大的悬念。

西汉时期，印章是一个人身份的最重要标志，不论是皇帝、王，还是诸侯，下葬时最重要的陪葬品就是印章。印章可能还不止一枚，会有象征权力的金印、银印，还会有用玉做的私印。即使是没有权力的富贵人家下葬，也必定会放入死者的私印的。否则到了地下就无法证明自己的身份了。

任相宏称，发现没被盗的王陵都有印章，南越王都有。这个墓里却没有发现，这是个非常反常的现象。正常情况应该是有的，但是他没有。

看着发掘一空的陵墓，任相宏陷入了沉思。盗墓贼并没有进入墓室，所有的陪葬品没有被盗过的痕迹。没有找到印章，将无法真正确定墓主人的身份。任相宏知道，这种情况只有一种解释，即下葬时印章根本就没有放进陵墓里，但这在注重礼仪的汉朝，是绝对无法理解的。

陵墓中出现了太多的反常现象，这使得任相宏感觉，在陵墓的主人身上一定发生了什么事情，令这位济北王并没有按当时完整的葬礼下葬。

在清理墓道的时候，任相宏发现，靠近墓室部分的墓道两侧已经修建有明显的排水沟，然而，排水沟向外墓道方向延伸的时候却逐渐没有了。显然，这座陵墓的排水系统并没有做完。

任相宏称，这样的排水设施是起不到真正防涝功能的，反而有可能把陵墓淹了。

另外，在墓道的中部有两段用碎石头垒起的矮墙，矮墙的中间留出了一条通道，这两段石墙看上去应该是修建在墓道上的门户。但是如此简陋的门户出现在一位王的陵墓中，并且是凿石量达到8000立方米的巨大陵墓中，简直令人无法想象。这个用碎石头垒起的门户，不像王府的豪门，却更像村户人家的柴门。

任相宏表示，还不如农村的院子规范。不用我们推断，民工一看也是，王爷的墙怎么垒的这么粗糙，这样来看就是工期比较仓促。

任相宏还发现，整个墓道的修建非常粗糙。墓道是通往墓室的通道，巨大的棺椁以及各种各样的陪葬品都要通过墓道运送到墓室里，因此，墓道应该是一个开凿平整的斜坡。但是这个墓中的墓道根本没有被认真加工过，墓道上的石头坑坑洼洼，凹凸不平。

距离双乳山几百千米外的徐州，曾经发现了许多西汉时期的王陵，陵墓的门前几乎有一条墓道，两边的山岩以及墓道底部都被凿得非常平整。双乳山汉墓墓道中的这种种反常现象，只能说明一件事，这座陵墓的墓道根本就没有修完。

这使得任相宏开始重新考虑这个墓的奇特外形。整个陵墓是外甲字中套了一个小甲字，是一个双甲字形的陵墓。然而看来，任相宏认为这未必是一种奇特的墓葬形制。外甲字的四周有4条在石壁上凿成的简易通道，显然不会是留作下葬的通道，而是当年修墓的民工上下行走的过道。如此大规模、高规格的陵墓应该是不会留下这些粗糙的简易通道的。

于是，任相宏有了一个大胆的推测：陵墓的外甲字根本就没有修完！按照最初的设计，陵墓应该是一个单甲字的形状。这种外形在西汉时期的王陵中非常普遍，双乳山汉墓的外甲字应该是凿到墓室底部，整个墓室的墙壁应该是以外甲字的石壁为准的。至于为何会出现这样一个奇怪的墓形。任相宏认为是工程停下来了，外甲字没有凿完。但同时，一个更大的疑问涌上了任相宏的心头，如此巨大的陵墓为何没来得及修完呢？按照汉朝的规矩，王都是从第二年开始建墓，陵墓一般都提前设计好形制和规模，然后开始动工，先在山体中凿出陵墓的规模来，然后开始精细的加工和装修工作，陵墓的修缮会一直持续下去，直到王衰老或者是疾病缠身而死亡。

眼前的双乳山汉墓外"甲"字没有凿完，说明它连最初设计的规模都没有完成，这位王就仓促下葬了。这种现象也不难解释，可能在陵墓的修建过程中，王突然暴毙，因此只好葬在没有完工的陵墓中。还有一种可能就是王统治的领地财政出现困难，无力承担修建如此巨大陵墓的资金，工程只能半途而废，王死时也就只能勉强下葬了。

任相宏仔细回想整个发掘过程，王暴毙或者缺乏资金虽然可以解释陵墓没有完工的原因，却无法解释其他的一些奇怪现象。陵墓的主人下葬时使用了三重棺二重椁，符合西汉诸侯王的五重棺椁制度，而且建造了规模如此庞大的墓穴。但令人奇怪的是却没有使用一般王室都采用的黄肠题凑。黄肠题凑是天子赏赐的一种葬制，在汉朝王的墓葬中非常流行。北京的大葆台汉墓保存了最完整的黄肠题凑。它是设在棺椁外的一种木结构，用黄色的柏木心堆砌而成，黄肠是指棺椁外的柏木，题凑是指用柏木来堆砌，合起来称为"黄肠题凑"。此外，更令任相宏感到奇怪的是，他在墓穴的石壁上发现了许多方形浅坑，而且越靠近墓室的底部越明显。它们不可能是无意凿成的，也不像是施工留下的痕迹。所有到陵墓看过的考古学家，没有人能够解释这些浅坑的含义。

任相宏称，我们发掘的时候也有争议的，这个浅坑是干什么用的。这么费力，做小方块有什么用途。这种墓葬性质，作为王陵，如果是适用黄肠题凑，规模又小，那些东西可能是象征黄肠题凑的意思，这是我的一种推测。

也就是说，墓室墙壁上的方形浅坑是在暗示着黄肠题凑的形式。为何要用暗示的方式来表示自己下葬的等级？

据载，刘宽对于汉武帝的宽容并没有感恩戴德，反而在心里充满了仇恨。因为当年汉武帝实行推恩令是为了消减诸侯王的实力。但几年后，汉武帝发现，有些诸侯王的实力仍然非常强大。他们的存在不仅不能协助巩固中央政权的统治，凡而已经危及到了天子的绝对权力。于是汉武帝果断采取措施，寻找各种罪责，把势力强大的淮南王和衡山王关进狱中，且株连范围非常广。有数万人被处决。淮南王和衡山王是济北王刘胡的父辈，对中央政府的仇恨从此就种在了济北王家族的心里。

和自己的祖先相比，刘宽的封地已经大大减少了，财富和实力都已大不如从前，而且，武帝还杀掉了他的两个本家祖父：淮南王和衡山王。刘宽对汉武帝积怨已深，然而由于实力不济，他不敢做出像祖辈一样造反的事情，但也许沉迷女色是一种忘却仇恨的方法，因此他做出了惊世骇俗的乱伦之事。但仇恨终究难消，他又做出了令汉武帝无法容忍的事。

一个月黑风高的夜晚，刘宽一个人来到后花园里，他的嘴里念念有词，念出的是诅咒当今天子汉武帝的咒语。刘宽正在实施汉朝时期最流行的"偶像伤害术"，他用桐木削成汉武帝的形象，并且在木头人的心脏、头颅等要害部位插上铁针，然后把它埋入地下，并且每天用恶语诅咒，希望汉武帝早日归天。这天晚上，他的诅咒更加恶毒，因为病重的汉武帝即将不久于人世，他要诅咒汉武帝快一点死掉。

刘宽诅咒当朝天子的事被其仇家告知了汉武帝。"诅咒天子，其罪必死。"这次，汉武帝不再宽容了，因为诅咒天子与谋反没有任何区别。加上之前的乱伦，汉武帝决定两罪并罚。于是，马上派了一名官员带人前往济北国，要把刘宽押往都城问罪。济北国离都城并不远，都城来的官员很快就到达了济北国都。刘宽骄奢淫逸的生活已经磨掉了祖辈遗传给他的血性，没有了魄力无力反抗。就在天子的羁押令到达的同时，刘宽在无奈和惶惑中于自己的府中拔剑自杀了。

任相宏由此判断，双乳山汉墓的主人应该就是这位乱伦、诅咒皇帝，最后自杀的济北王刘宽。

任相宏认为，刘宽是比较放荡的，很有个性，也有点高傲，皇帝他都敢诅咒。这个人不会是一个贪生怕死的人。如果是的话，他也不可能拔剑自杀，自杀是要勇气的。

刘宽死后的事情在《汉书》中并没有记载，但任相宏已经可以做出大胆的推测。刘宽畏罪自杀后，济北王家族只能准备他的葬礼了。刘宽属于非正常死亡，没有任何先兆，因此连加紧完善墓穴的时间都没有了。陵墓已经不可能达成最初的设计，所以只凿出了内甲字而没完成外甲字，墓壁上还留下了民工的通道，墓道也没凿平，排水沟没完成，临时用石块堆了个墓门。修了11年的陵墓只是一个半成品，刘宽就这样被葬在了这座尚未建完的陵墓中。

虽然完成陵墓需要很长时间，在刘宽下葬之时已经来不及完成了，但用柏木在墓中搭建黄长题凑却并不需要多少时间。既然可以摆放陪葬的青铜器，说明在陵墓中摆放玉器和印章也并不是不可能。这样看来，刘宽的突然自杀必然不是使这两件事无法进行的原因。

任相宏称，规格、等级怎么安排的问题，当时也需要讨论，要和中央政府负责丧葬的人进行协商。

黄肠题凑作为皇帝赏赐的一种待遇，诅咒天子的刘宽肯定不可能使用了。但济北王的家族又不甘心，因此在墓壁上凿了些浅坑，借以替代黄肠题凑。至于玉的使用，刘宽就更没有资格了。汉朝人把玉人格化了，认为玉具有仁、义、智、勇、洁的君子美德，所以以玉比德。刘宽和自己父亲的后妃乱伦，在注重礼仪的汉朝，他的品德可谓是坏到了极点。这样品行的人是不能用大量象征美德的玉器来陪葬的，因此，在墓中只有九窍塞、玉枕等一些基本的葬玉。并且刘宽也不能使用金缕玉衣，但毕竟是王，也就只能使用更简单的玉覆面了。墓中没有发现印章现在也可以解释了，犯下如此多罪行的刘宽，最终连证明自己权力和身份的印章也不允许陪葬在身边。

如果是刘宽的家人来埋葬，他们肯定不会让刘宽到地下还要背负着世间的一切罪责。葬礼的现场可能有汉武帝派来的官员进行监督，不允许按王礼下葬刘宽。并且在最后的时刻，他敲碎了两块玉剑璏放到了刘宽的枕头下。

任相宏表示，玉剑璏代表兵器，没有其他用途，用途是非常单一的。为什么不放其他的，偏偏是剑上的一个部件放在这个地方，而且还不是完整的，是有意弄碎的。这里应该是代表自杀。

刘宽虽然贵为一方诸侯王，死后也能享受大规模寝陵，但由于得罪了中央政府，最终也只能落下一个可悲的结局。枕下破碎的玉剑璏，不仅表明这人品德有问题，而且还暗示了此人是用剑自刎而亡。

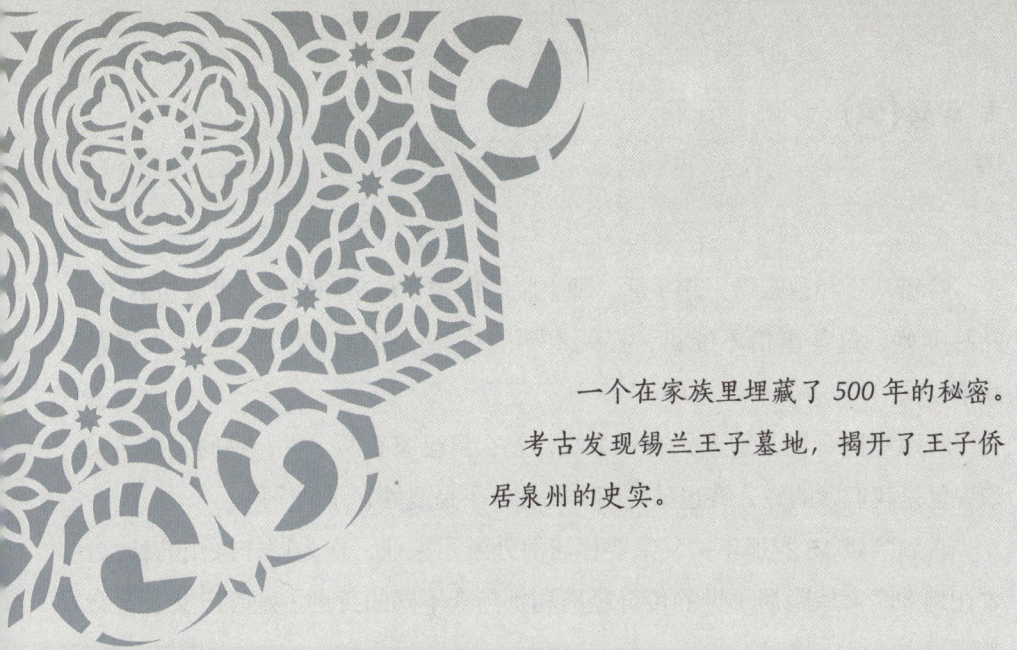

一个在家族里埋藏了500年的秘密。考古发现锡兰王子墓地,揭开了王子侨居泉州的史实。

惊情500年

福建省泉州市著名的涂门街,遍布着大大小小的店铺。许世吟娥的古玩店在街上已开了近十年,日子过得舒适平静。而一个考古发现却搅动了她平静的生活。

一、丈夫不知妻子身世

▲ 锡兰王子后裔——许世吟娥

泉州东郊清源山上有一个世家坑,世家坑有明朝锡兰王子古墓群。根据史料记载,锡兰王子是500多年前古锡兰国的王位继承人,古锡兰国即今斯里兰卡。锡兰王子的墓葬为什么会出现在中国的泉州?它的发现又与普普通通的许世吟娥有什么关系呢?

许世吟娥是土生土长的泉州人,和大多数闽南女子一样,以相夫教子为己任,看不出她有什么与众不同之处。可考古发现却把她的身世秘密显露于众,而这个秘密在家族里已保守了500多年。

吟娥从小和曾祖母一起生活，晚上临睡前曾祖母常向她说些世家坑的事，并叮嘱她，这些事情不能讲，打死也不能讲。曾祖母去世后，再没人提及此事。

吟娥觉得奇怪，别人只有一个姓，怎么自己家有两个姓？她问父亲，父亲说世是我们家的姓，许也是我们家的姓，不是复姓，是两个姓。

直到吟娥16岁那年，父亲要移居海外继承家业，作为留守泉州的长女，才让她知晓家族隐居于世的传奇经历和她与众不同的身世。她答应父亲定会遵照祖训，保守秘密。

然而让吟娥万万没想到的是，这个她连丈夫都未告知的秘密，将很快大白于天下。

有个人一直在致力于解开这个秘密。此人叫刘志成，是泉州市海外交通史博物馆员工。工作之余他常到荒草丛生、坟墓聚集之地去考察，几乎跑遍了泉州的荒山野岭。他的这种坚持源于十几年前看到的一条新闻。

1985年，斯里兰卡代表团访问中国时，提出寻找古锡兰王子在中国的后裔，国务院有关部门致函泉州市，希望当地政府协查锡兰王子后裔的下落。

这则新闻报道，让刘志成想起几年前看过的名为《世拱显》的人物传记，里面写到世拱显的祖上是锡兰。这还让他想到一个传说：相传郑和下西洋时经过古锡兰国，国王派王子世利巴交剌惹跟郑和的船只出使大明朝。不久锡兰国发生政变，王位被篡夺，正打算从泉州回国即位的世利巴交剌惹得知消息后只好滞留泉州，和一位阿拉伯裔姑娘成亲，并取自己姓氏的第一个字"世"为中国姓，从此隐姓埋名，世上再没人知道锡兰王子。

世拱显： 字尔韬，号小山，泉州人，锡兰山（今斯里兰卡）国王后裔，以世为姓。世拱显一生"言方行矩，恬淡自甘"，不攀附豪门官府，无心功名仕途，潜心研究学问，靠教授生徒为生，被泉州士子奉为楷模。他的著作有《四书管窥》《诗经辑要》《世氏家传》和诗文集等。

刘志成在《泉州府志》上查出清朝举人世拱显和锡兰的记载，世家一直是当地名门望族。但如今的户籍里却找不到姓"世"的后人，不能确定世拱显就是锡兰王子的后裔，就不能解开锡兰王子是否侨居泉州这一史界谜案。

几百年前锡兰王子落难泉州的传说究竟是真是假？如果能找到锡兰王子的墓葬不就能破解这个历史之谜了？于是，刘志成开始了寻找墓葬的艰难历程。

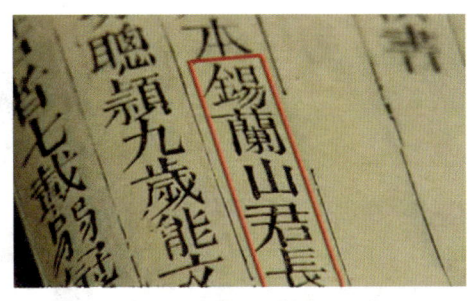

▲《泉州府志》有关世拱显和锡兰的记载

二、落难王子落户泉州

这一天，刘志成又来到东郊山麓。返程时他翻过山从背面的清源山下山。走到半山腰时，发现一处杂草丛中隐约有个用石板砌成的早已废弃的茅坑。他想一探究竟，就从高处跳了下去。刘志成没有想到，他这鬼使神差般地一跳，奇迹竟出现在眼前，石板上刻的字让刘志成激动万分，上面赫然刻着三个字：世家坑。

世家坑，正是破解锡兰王子是否流落泉州的关键，兴奋的刘志成不断地描摹着这三个字，舍不得离去。

世家坑： 位于泉州城东东岳庙至七里庵的古驿道，明朝以后锡兰世氏家族墓葬区。世家原指世氏家族，祖先是锡兰（今斯里兰卡）王昔利巴交剌惹。明天顺三年，锡兰王子率使团出访明朝廷，回国途中停泊泉州，因国内政局变故，遂留于此。因其名字第一音与汉语"世"相近，其后裔因取"世"为姓。

世家坑墓地的发现，在文史界引起轰动，证实了500多年前锡兰王子随着郑和来到中国，最终在泉州繁衍生息的历史，见证在500多年前就有友好往来的中斯两国关系。

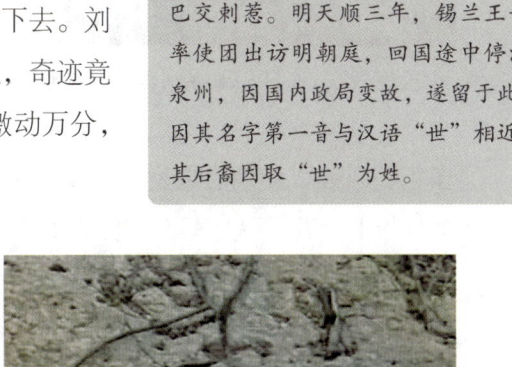

▲ 刘志成发现世家坑的石碑

很快泉州市政府将世家坑定为重点文物保护单位。由于担心墓碑安全，泉州海外交通史博物馆将发现的20多块墓碑迁走并进行保护性展出。

林少川，华侨大学研究所研究员，研究锡兰王子在泉州的历史也已有十

▲ 泉州海外交通史将世家墓碑进行保藏和展示

多年。当他得知刘志成发现世家坑墓地后，非常兴奋，接连在《泉州晚报》海外版上发表了锡兰王子世家在泉州的报道，在当地引起轰动。

锡兰王子墓群的发现引起轰动，打破了许世吟娥的平静：墓地被破坏，触犯了闽南人的大忌。她感到非常紧张。

一个考古发现，为何让一向温柔贤淑的吟娥变得焦虑不安？莫非开了几年古玩店，她也开始关心起名胜古迹？丈夫孙亚宏在琢磨妻子的反常表现。而吟娥的话着实让他大吃一惊。吟娥说："世家坑墓地是我们家的。"什么？世家坑是吟娥娘家的祖坟？她不是姓许世吗？跟锡兰王子有何关系呢？孙亚宏被妻子的话搞得愈发糊涂。事已至此，吟娥不得不将她严守了30多年的秘密告诉了丈夫。

原来锡兰王子以"世"为姓隐居泉州，到吟娥高祖母一代时，家无男丁，只好让吟娥的高祖母招许姓男子入赘。从此，在泉州的这一支世家后人便姓许世，一直低调隐居。到后来因人丁单薄，担心受歧视，最终演变成世代口口相传的一个祖训,要把世家的来历尘封在世家人心底。

吟娥的一番身家背景剖白,如同一枚炸弹在孙亚宏心里炸开。从元朝始,泉州就是一个繁华的对外港口,有许多波斯、阿拉伯后裔在这里繁衍

▲ 许世吟娥和丈夫孙亚宏

生息,可孙亚宏万万没有想到,自己的妻子就是让文史界寻觅至今的锡兰王子后裔。结婚14年,妻子居然守口如瓶。

吟娥已是热锅上的蚂蚁,她希望丈夫帮她向有关部门交涉,把墓碑放回世家坑。没想到丈夫觉得现在去说什么王子的后裔并不管用,不愿去交涉。吟娥火冒三丈,她并不是要追究什么王子后裔,要不是祖坟墓碑被拿到博物馆,她不会把藏在心里30年的家族秘密说出来。

三、锡兰"公主"隆重还乡

一个说是关乎祖坟的大事,一个认为那已然成为历史,一个想讨个说法,一个却不想再追究,十几年的恩爱夫妻为此闹起别扭。就在吟娥想既不暴露身份又能讨回墓碑时,又一个消息传来:世家坑所处的山上要开发成果园。情急之下,吟娥做出一个有违祖辈教诲的举动,她打了一个电话。

电话打往报道世家坑古墓的《泉州晚报》,接电话的正是林少川。来电者称自己为锡兰王子后裔,老祖坟在清源山上被人破坏。林少川听到锡兰王子四个字,心里咯噔一下。可没等他反应过来,对方已经挂断电话。世家坑古墓群的发现,证实了锡兰王子世代在泉州侨居,可让人困惑的是,如今的泉州户籍里依然找不到"世"姓人家。林少川怎能放过这个绝好的线索,于是在《泉州晚报》上刊登寻人启事,请给他打电话的那个人,见报后跟他联络。

第二天,吟娥看到寻人启事,犹豫是否要跟对方联系。一方面不想违背

祖训，一方面又希望公开身份能让祖坟得到保护。然而这一次，孙亚宏反而劝吟娥和林少川联系。他认为作为历史研究是有用的。孙亚宏帮妻子把电话拨了过去。

激动的林少川当晚约了刘志成和许世吟娥见面，吟娥提供的关于世家族谱的内容和《泉州府志》里关于世家和锡兰的内容都对上了号。林少川怎么也没有想到，自己寻觅了十几年的锡兰王子的后裔居然就在这条他天天经过的涂门街上。刘志成更是惊

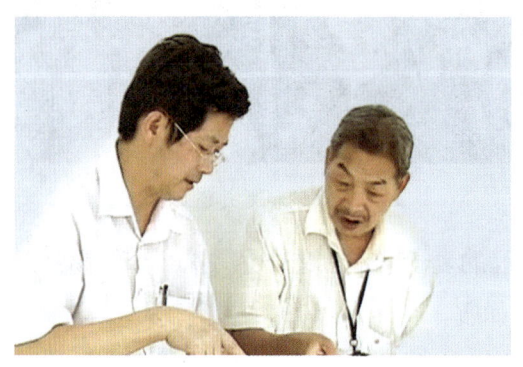

▲ 刘志成（右）和林少川（左）交流研究成果

讶，古锡兰的"驸马爷"居然就是自己认识了十几年的同事孙亚宏。

把许世吟娥和孙亚宏说成"锡兰公主"和"驸马爷"只是一种调侃。但泉州发现锡兰王子后裔的新闻传到斯里兰卡后，斯里兰卡政府官员及考古学家先后几次来到泉州，拜访许世吟娥和锡兰王子古墓群。最让许世吟娥意外的是，斯里兰卡邀请她回祖先锡兰王子故地参观访亲，并以对古锡兰公主礼仪隆重接待了她。

尽管斯里兰卡从1972年就废除了君主制，但百姓依然对许世吟娥以公主之礼相待，王子的家乡甚至希望吟娥在那里定居。然而吟娥深知自己是土生土长的泉州人，离不开从她祖先锡兰王子就开始定居繁衍的泉州，她愿意继

◀ "锡兰公主"许世吟娥回祖先故地访亲

续过一个普通闽南女子的生活。

这个尘封了500多年的家族秘密的公开，不仅引起了国内外史学家的关注，让吟娥更加高兴的是，她因此找到了20多位在清朝时就从泉州移居海外的世家族亲，她深深地感到身上多了一份重任。

2009年7月，斯里兰卡驻华大使来到泉州，接见许世吟娥，参观泉州市海外交通史博物馆之后，正式提出斯里兰卡首都科伦坡和泉州市结成友好城市，这一段始于明朝的富有传奇色彩的中斯友谊，经过几百年文化和血统的融合，将会继续传承下去。

河南省巩义市自古以来被视为"山高水来"的吉祥之地，这里有面积达30多平方千米的北宋皇陵区。北宋9个皇帝，除宋徽宗和宋钦宗被金兵掳走惨死漠北外，其余7个皇帝都葬在这里，加上赵匡胤父亲赵弘殷的陵墓，素有"七帝八陵"之称。

宋陵地宫

1984年10月，河南省文物考古研究所与巩义市文物保管所组成联合发掘队，发掘北宋元德李皇后陵。这次发掘缘于1981年秋的一场暴雨，雨水沿盗洞灌入陵墓，陵墓存在全部坍塌的危险。

李后陵，是宋太宗永熙陵的附葬后陵之一，这次发掘是千年来对北宋帝后陵墓的第一次正式挖掘，也是为以后挖掘帝陵做准备。对于皇陵构造，史书没有记载，因此后人对宋陵的情况一无所知。

河南省文物考古研究所专家孙新民称，我们在李后陵封土的南侧开了一条探沟，发现了墓道的大致位置。但发掘过程非常艰苦，因为墓道全部是用石片和砖块一层一层夯起来的，很结实坚固。

清理完墓道和甬道，墓门露了出来，两扇高大的石门已被盗墓者推倒。

孙新民回忆，两个门扉高达3米多，门上有两个线刻武士像，一个执戟，一个拿剑，高大英武。在墓门内发现了墓门钥匙。据文献记载，当时埋藏以后"投钥于内"，就是把钥匙扔到墓里，墓门锁起来，用铁丝把墓门拴在盖锁

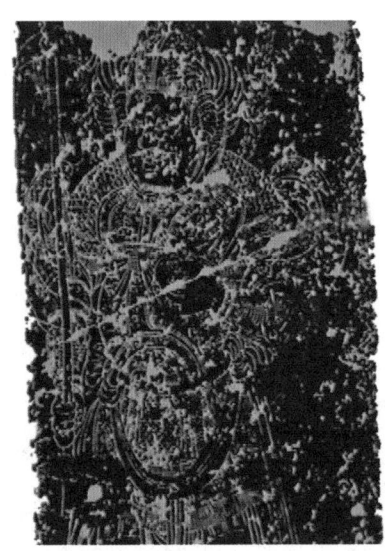

▲ 两扇高大的墓门上线刻的武士像（左为执戟武士，右为拿剑武士）

柱石上，在盖锁石外部再用砖封住。

尽管如此，元德李皇后墓还是遭到了盗掘，墓室里仅剩下石棺床和蜡台座。

孙新民称，整个墓室用砖砌成，有1米厚，非常坚固。每块砖都有"官"字款，显然是为建造墓室特制的。墓室为仿木结构宫殿式建筑，地宫平面接近圆形，直径近10米，高12.26米，正中房檐下砌有砖雕门窗和日用家具等。

考古人员在清理地宫时，发现地宫地面的石板上有许多精美的线刻画像，这些传说中的人物像是陵墓的守卫者。墓室砖砌的圆形穹顶绘有天象图，地宫的墙上绘有壁画。

孙新民指出，天象图中有

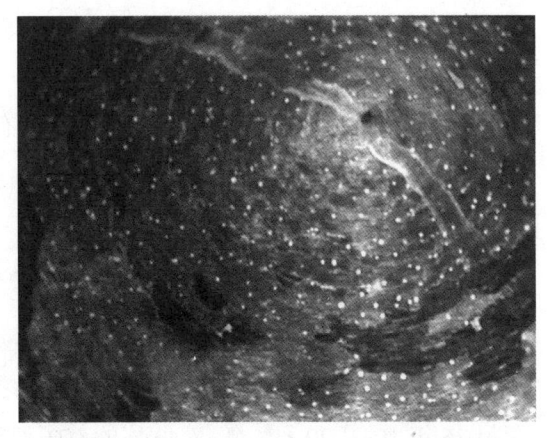

▲ 墓室下仿居室，上仿天空，是古代视死如生的一种反映

▲ 出土的玉册

银河，银河的两侧布满了星象，它是用青灰在砖上抹平，仿照现在的星空，用白灰点了很多星象。

考古队员用了近一年的时间，清理完墓室中数米厚的积土，结果发现了一套相当于墓志的玉册。册文系阴刻的楷书，填有金粉，其内容和史料记载一致。

另外，还发现了一批瓷器。

孙新民称，瓷器有80多件，其中能复原的有40多件。主要是越窑精品瓷器，秘色瓷，有直径30多厘米的龙纹大盘，还有套盒。

皇后陵挖掘结束，接着就要对帝陵挖掘。到了1986年，一切准备工作已经就绪，但学术界慎重发掘帝陵的呼声越来越高，有关部门重新研究后，决定暂停对宋陵地宫的发掘。

但是，帝陵和后陵毕竟不可同日而语，探索帝陵地宫仍然是巨大的考古诱惑。

北宋帝陵的地宫到底有多大？里面是否有价值连城的宝物呢？

秦汉以来，皇帝往往一登基就开始为自己修造陵墓。许多皇陵修建长达数十年，而宋陵却只修建短短的7个月。

除从开封迁葬到巩义的赵匡胤父亲赵宏殷的永安陵，巩义陵区的第一座帝陵是北宋开国皇帝宋太祖赵匡胤的永昌陵。赵匡胤在位17年，正值盛年的他选定巩义为大宋的陵区，却从未提过建陵之事。

976年10月20日，年仅49岁的赵匡胤突然驾崩，巩义皇陵不得不仓促开工。永昌陵建好后，赵匡胤的灵柩从开封被护送到巩义下葬。

> **秘色瓷：** 古代越州名窑进贡朝廷的一种特制瓷器，庶民不得使用，且釉药配方、制作工艺保密。"秘色"一词出自晚唐诗人陆龟蒙诗篇《秘色越器》，所谓"秘色"即"保密的釉料配方"之意。秘色瓷特殊的釉料配方能产生瓷器外表"如冰""似玉"的美学效果。

巩义市文物保管所专家席延昭称,当时送葬队伍有2万人左右,前面是仪仗队,中间是灵柩,仅抬灵柩的就有1000多人,随后是皇亲国戚,再后面是大臣。送殡队伍浩浩荡荡,从开封到巩义用了半个月左右。到达陵区时,距赵匡胤去世正好7个月。

河南大学历史文化学院的教授刘坤太说,宋朝后来就延续这个习俗下来,皇帝生前不修建陵墓,死后在7个月内建好陵墓进行安葬,形成了"七月而葬"的惯例。

▲ 宋太祖赵匡胤

除七月而葬,其他皇陵的规模和建制都与赵匡胤的永昌陵基本相同:坐北朝南,帝陵陵区由安葬皇帝棺木的上宫、进行祭祀的下宫以及附葬的皇后和王室子孙的墓组成。

由于时间紧迫,宋陵的修建工程非常残酷,建造赵匡胤父亲赵宏殷的永安陵时,仅被石头压死的就达200多人。

采石碑刻详细记载了宋第七代皇帝哲宗永泰陵修建的情况。1100年初,宋哲宗驾崩,农历二月初十,4600多人的采石队伍抵达距离陵区30多千米的栗子山。到五月初十,也就是在3个月的时间内,这些工匠必须采集27600块石材。为运输这些石材,又动用了士兵和民夫1万多人。加上修陵的工匠4万多人,共有5万多人被集中到陵区劳动。

《宋史》记载了这些开采来的石头的用处:修建永定陵时,地上的石雕仅用62块,门石用了14块,而地宫却用了27377块。

刘坤太表示,这么多石头用来修建地宫,可以想象,地宫一定气势恢宏,规模非常宏大。

修建皇陵的开销也十分惊人,据记载,1063年,修建宋仁宗永昭陵共计

▲ 从残留在地面的石刻可以推断，地宫的建造规模该有多么宏大

耗银50万两，钱150万贯，丝绢250万匹。这些开支占当时北宋国库年收入的一半。

根据李皇后墓的挖掘和近几年探测的结果，考古人员推测帝陵的地宫有30多米深，地宫仿照地面宫殿建筑，整个墓室富丽堂皇。

巩义市文物保管所专家傅永魁称，皇帝生前所有的日常用具，如金枪、板刀、弓箭，金银器皿等都随之埋入地下，摆满了皇帝生前喜爱的宝物。比如宋仁宗生前最喜欢的一匹马也殉葬了，这匹白龙马走起路来有音乐的节奏。

宋真宗是一位很迷信的皇帝，也是最后一位到泰山封禅的皇帝。《宋史》曾记载1022年，文武大臣为宋真宗准备殉葬品的情况，他们把宋真宗生前喜欢的各种宝物，包括"天书"和"瑞物"都随葬了。

傅永魁指出，天书就是老子的《道德经》，真宗生前喜欢读老子的《道德经》。他的随葬品大概有3000多件。

宋真宗景德四年（1004），为保护皇陵，北宋划巩义、偃师、登封等区域各一部分设立永安县，专门保护皇陵区。

孙新民表示，由永安县专门对宋陵进行管理，驻有部队。还有一些叫作柏子户的，专门种柏树对陵园进行绿化。下宫还住了一批特殊的管理人员，他们是皇帝生前的侍女和太监，现在负责对去世的皇帝四时祭祀。

到宋朝第7位皇帝哲宗，巩义皇陵已经营

> **泰山封禅**：封禅是古代礼仪，在中国政治制度中，封禅是最盛大，但争议也最多的一项典礼。历史上第一个到泰山举行封禅仪式的是秦始皇，表明自己当上皇帝是受命于天的。此后又有汉武帝、汉光武帝、唐高宗、唐玄宗和宋真宗。宋真宗之后，帝王到泰山只举行祭祀仪式，不再进行封禅。

了 160 多年。陵区松柏如织，殿宇相接，威严肃穆，所以又被称为"柏城"。

席延昭表示，宋陵绿化比其他皇陵有特色，其他皇陵只允许种柏树，而宋陵种有柏树和松树，陵与陵之间用橘子树隔开，界线非常清楚，冬夏常青。

> **瑞物：** 象征吉祥之物，如凤凰、麒麟、嘉禾、甘露等。佛教中所说的八瑞物与八瑞相一样，来自前佛教时期，代表了敬献给佛陀的一组具象供品，象征着佛陀的八正道，包括宝镜、黄丹、酸奶、长寿茅草、木瓜、右旋海螺、朱砂和芥子。

1127 年 3 月，金兵攻占大宋都城开封，掳走宋徽宗和宋钦宗，北宋灭亡。金兵对京城开封大肆劫掠，对巩义宋皇陵也疯狂抢劫。

因为下宫的大殿及禅院里有许多金银玉器、古玩字画，成为金兵最先下手的地方。

孙宪周称，金兵开始抢下宫，然后抢上宫，进一步就挖地宫抢东西。宋陵建在平原的黄土地上，墓道建制规模相同，所以比较容易盗挖。金兵对小墓采用揭顶，对大墓则从陵台侧坡挖洞，撬开墓顶券石，缒绳而下进行抢劫。

孙新民指出，金兵和南宋相持阶段，宋陵被盗掘得非常严重。据记载，哲宗皇帝的尸骨甚至被抛到了陵外。

宋高宗赵构闻讯，命令河南镇抚使翟兴和抗金英雄岳飞北上，驱走金兵，修复了皇陵。这样，巩义就成了宋金两军拉锯的战场。宋军撤退后，金兵的报复更加强烈，掘墓烧房，砍树伐木，原本松柏茂密的陵区很快变得千疮百孔。

1130 年，金人在大名府封宋朝的降官刘豫为大齐皇帝，这让北宋皇陵又遭到了另一番劫难。

刘坤太说，有一次，刘豫发现一名士兵拿了一个非常精美的水晶碗，当得知这个水晶碗是从永裕陵盗来时，刘豫就让他儿子组织了一个挖墓队伍，就是史书上称之为"淘沙队"的，重新把宋陵挖了一遍。

"淘沙队"是继东汉末年的曹操以后，中国历史上第二个有记载的官盗机构。淘沙队主要以未被金兵盗过的皇家陵墓为主要目标，对金兵已盗过的陵墓也再次挖掘，甚至连老百姓的墓也不放过。

席延昭感慨，这是属于官盗啊，对宋陵是雪上加霜。

刘豫的毁灭性盗掘，使那些生活在陵区的僧尼、柏子户等无处存身，只好流落他乡。从此，北宋皇陵再无专人管理，民盗相继兴起，其中最有名的一个盗墓贼叫朱漆脸。

孙宪周说，朱漆脸盗宋太祖墓，太祖的身材比较高大，很胖，他想把太祖的玉带取下来，就用一根带子套在太祖的脖子上，把太祖尸体撑起来。太祖的尸体已经腐烂，一撑，从太祖嘴里喷出好多黑水，喷在他的脸上。他从此就留下了一个黑脸。

1278年，南宋灭亡，元朝建立。蒙古人怕宋朝的遗民怀念先朝的皇帝，又把北宋皇陵的建筑全部烧毁。

所幸的是，宋陵被划为官地，不准百姓打柴放牧，不准种植庄稼，这在一定程度上保护了建筑遗址，特别是保护了石雕像。

1995年初，为配合宋陵抢救保护工程，河南省文物考古研究所考古人员进驻宋仁宗永昭陵，对这座陵墓的地面建筑遗址进行了一次全面勘查。

随着巩义经济的发展，永昭陵已被市区包围，所以永昭陵就被选为首个勘查的帝陵。这次发掘出了鹊台、乳台、上宫、下宫等建筑遗址。

▲ 陵台复原图

现在永昭陵的地面建筑就是根据考古发掘按原样进行恢复的，这是目前宋陵"七帝八陵"中唯一复原的皇陵。

发掘表明，皇陵的陵台用夯土筑成，平面呈正方形，通高15米，每5米一层，共3层。

孙新民指出，陵台表面用红土或者红泥进行涂抹，看起来非常雄伟壮观。

让人感到奇怪的是，永昭陵南高北低，居于最崇高地位的陵台却处在陵区的最低处，丝毫没有皇帝高高在上的感觉。

孙新民指出，北宋皇陵区的地势是南高北低，主要的建筑物在北边，等于把主要的建筑物放在地势低洼的地方了。

宋陵为什么会有如此奇怪的选择呢？原来，唐宋时期流行"五音姓利"的风水理论，人们姓氏的读音对应着工、商、角、徵、羽五音。宋朝皇帝的赵姓属于角音，读角音的姓氏要求在都城的西方选阴宅，陵要求"东南地穹、西北地垂"，所以宋朝的皇陵都南高北低，形成了一种倒仰的姿势。巩义宋皇陵区面对嵩山，背依黄河，正符合角音"山之北、水之南"的风水要求。

> **五音姓利**：唐宋时期盛行的风水之说。把人的姓氏分成宫、商、角、徵、羽五音，再将五音分别与阴阳五行中的土、金、木、火、水对应，这样即可在地理上找到与其姓氏相应的最佳埋葬方位与时日。丧葬择地选日时，若与之相合则阴阳相生，大吉大利，反之阴阳相克，主凶。按这一说法，赵姓属"角"音，必须"东南地穹、西北地垂"，要求墓区南高北低。于是宋陵一反中国古代建筑常例，置主体建筑于较高位置，陵区地面由入口至陵台逐段下降。

除风水考虑，赵匡胤把皇陵选在远离都城开封的巩义还有更深的政治意图，那就是为迁都洛阳做准备。

首都师范大学教授李华瑞称，开封四周是平地，无险可守，朝廷要派大量的军队用于防守，造成军队数额的急剧膨胀。因此，宋太祖想迁都洛阳，并最终迁都长安。宋太祖表示，他就是想依据山河的形胜而去冗兵，仿照周朝、汉朝的故事以安天下。

但迁都洛阳的提议遭到了大臣们的反对。

刘坤太指出，在宋朝，南方的经济已经成为国家经济一个非常重要的组成部分，大量的粮食要靠运河从南方运来，而汴河到开封就不好走了，大臣们不愿意舍弃汴河经济命脉，就不愿意迁都。

群臣的谏阻并没有动摇赵匡胤迁都的决心，但这时一个人站了出来，说"为政在德不在险，何必一定要耗费民力迁都呢？"

这个人就是赵匡胤的弟弟赵光义，也就是后来的宋太宗。见弟弟也反对迁都，赵匡胤只好长叹："不出百年，中原人民叹也。"

1127年，终于应验了宋太祖的话，金兵长驱直入，攻破开封，北宋灭亡。

可见巩义皇陵的绝好风水，并没有护佑大宋的千年帝业。

这是一座非常独特的墓葬,考古学家阚绪杭在长达2年的发掘中,始终在破解一个又一个的谜……

双墩古墓

2005年6月的一个深夜,几个盗墓者进入安徽省蚌埠市郊区的双墩村,几天后,村民在双墩村的一个土墩上发现了一个9米深的盗洞。

由于盗墓未遂,当地政府很快报经国家文物局批准,对被盗的土墩展开抢救性发掘。作为这座大墓发掘队的领队、安徽省文物考古研究所研究员阚绪杭自从接手任务后,便陷入了一系列的谜团之中。

这两座9米多高的封土堆是双墩村的标志。20世纪70年代,驻双墩村的某部雷达连推平两个土墩的顶部后建了雷达站,并在封土堆上修建防空设施。后来驻军撤防了,但防空洞给盗墓分子提供了便利。墓葬被盗,更使这两个土墩增添了神秘色彩。

▲ 双墩原貌

阚绪杭长期从事安徽新石器时代的考古发掘研究,对安徽的古文化有深入的研究和浓厚的兴趣。1991年前后,他在距两个土墩300米远处考古发掘,发现了距今7000多年的双墩新石器遗址。因此,他对这两座大土墩的形成年代也很关注。

一次,阚绪杭在两个大土墩周围调查时,村民正在土墩上取土,这引起了他的注意。他看到这些土不是生土是花土,花土是由不同的土混合而成的。花土中还混有白色的颗粒,他联想到西汉时期的土坑墓使用白膏泥密封墓室,因此判断虽然没有发现夯土层,但这两个大土堆是人工堆起来的。凭着多年的职业敏感,他推断双墩村的两座大土墩是汉朝古墓,1991年,他建议将双墩作为汉墓加以保护,并立了碑:双墩汉墓石碑。

为什么在淮河以北的双墩村会出现这两座大墓,一直是阚绪杭心中的疑问,这次盗墓事件为他解开这个谜团提供了契机。这次的抢救性发掘,他被委任为考古领队,随后他为这次考古发掘做了周密部署。

考古队对墓葬进行了将近2个月的探查。在深入封土10余米时碰到地下水,钻探受阻,进展缓慢,后来他们使用自制的工具,终于探到了地下遗迹。其中有木炭、朱砂、陶器碎片、铜锈等。这说明墓中的随葬品有铜器、陶器、漆木器等物品。

▲ 发掘双墩一号墓

这究竟是什么年代的大型墓葬呢？2006年12月，阚绪杭率领考古队进驻双墩村开始了正式发掘。但是，从他们打开封土堆开始，一系列未解的谜团便不断浮现，让人不得不惊叹这座大墓的独特与离奇。

考古队员发现封土堆内不仅有黑土和白土，而是黄、红、白、黑、灰5种不同颜色的花土。这些土呈颗粒状掺杂其间，这在我国以往发掘的墓葬中从未出现过。尤其是封土的最下面一层，出现20厘米左右厚的白土层，在一段白土层里还发现了一块陶片。

阚绪杭认为这层白土是人为垫起来的，这是非常重要的新发现。为了日后对它进一步研究和展示，阚绪杭特意保留并保护了一块墓葬封土遗迹。

随着发掘进一步深入，当白土层的形状被清理出来后，更让人惊叹这个墓葬非同寻常。原来白土层是围绕墓道口一圈的圆形垫层，其形状就像一个巨型的玉璧。玉璧形的白土垫层及圆形墓口，在中国考古史上从未出现过。

北京中山公园有座社稷坛，是明清两朝帝王祭祀社稷、祈祷丰年的场所。社稷坛呈方形，也铺着五色土：中黄、东青、西白、南红、北黑，土由全国各地进贡而来，以表示普天之下莫非王土的含义。而双墩一号墓的五色土却是混合在一起的，那么，双墩一号墓的五色土是否就是社稷坛五色土的雏形呢？双墩一号墓五色土的出现究竟意味着什么呢？

阚绪杭认为，墓葬是人类社会的一个缩影，反映出那个年代统治者的政治。墓葬的形式反映墓主人的思想，他生前拥有的权利、利益，他死后仍然具有。

当考古人员发掘这个墓口直径达20.2米的大墓时，在距墓口0.7米深的填土层中，人们发现了由深浅不同的填土构成的放射线遗迹现象。为了更直观地看清，考古人员在这些线上洒了白灰。这种"放射线"共有20条，从中间向四周辐射，呈扇面状。这又是什么符号呢？

随着双墩大墓的地层被逐渐层层清理开，接连出现的神奇现象让阚绪杭兴奋而充满期待。当考古人员发掘到墓坑0.7～1.4米深的填土时，考古人员发现了2000多个泥制"土偶"。

在这一层中，墓坑周围环绕着由数千个土偶组成的18个圆形土丘。考古人员发现这些土丘和汉朝铜镜背面的形状很相似。

这些土偶虽然是泥做的,但在阚绪杭看来它们的考古价值绝不逊于金银器,因为它们是独一无二的,是从未被发现过的。因此对这些土偶的保存和保护阚绪杭也格外重视。

对于这座墓葬的发掘,阚绪杭可谓费尽心思。要严格按照考古工作规程层层清理,然后又要考虑尽量保持遗址原貌,保护出土文物,还要尽量搞清楚发掘中的遗迹现象。

为了达到阚绪杭边发掘边保护的目的,考古队在发掘到土偶、土丘遗迹时,为了防止降雨给墓葬带来危害,耗资80万元在墓葬上方建起保护大棚。在接下来的发掘中,又一层遗迹的出现更是出乎他们的意料。

▲ 用"土偶"砌的墓中墙

让人惊叹的是在墓坑内生土二层台的内缘,出现了一道用三到四层土偶垒砌的城墙,土偶墙与墓壁之间形成了一条环行走廊,这条走廊用黄色泥沙封填,清理掉土偶墙与墓壁之间的黄色泥沙后,"土偶"垒砌的墙体显得突出而壮观。

二层台的城墙内壁遗迹给考古队员带来无限的猜想和巨大的惊喜,但接下来,当发掘到4米以下,离墓底越来越近时,遇到了比防雨更严重的问题。由于挖到了地下水位线和流沙层,引起墓坑局部塌方,而且墓坑内的填土呈泥浆化,已无法继续挖掘。

为了尽快去除墓坑内的地下水,考古人员采用打井抽水的方法,他们在墓坑周围打了15米的深井抽水,把墓坑局部地下水位降到地下11米左右,确保墓坑填土发掘不再渗水。

当考古人员解决了积水问题并继续发掘到距地面7.5米时,人们终于看清了这座墓葬的底部以及它特殊的埋葬布局。底部呈正方十字形,墓主人一棺一椁停放在中间。

◀ 墓底

墓葬坑深底大，是一个直径近 14 米的圆形墓底。墓底主椁室居中略偏北，围绕墓主椁室东、西、北侧各殉葬三个人，南侧殉葬一人。与南侧殉葬人相邻的一个大椁室，内放陪葬品，南厢为食物，北厢为器物。这是一个非常规整的十字形"三、三"制埋葬布局。

阚绪杭说，这种摆放有一定寓意。比如，我们讲方位，东、南、西、北四方，加中间，那就变成 5 个方位了。这反映了墓主人的王者气派，标示着他的统治权力。

那么，这位有着 10 人随葬的墓主人究竟是什么身份呢？墓主人的随葬品以大量的铜器、彩绘陶器、石器、玉器为主，还有少量的海贝饰件、金箔饰件等，共计 400 多件。其中铜器最多，有编钟一组 9 件，鼎 5 件、罍 2 件、簠 4 件，以及其他容器、工具、车马器、兵器等共有 200 多件。从如此众多的随葬品可以看出，墓主人身份的非同一般。

阚绪杭说，我们并不知道

▲ 编钟

▲ 漆盘

这个墓是什么人的，只是随着发掘的进展，通过它的规模、结构和复杂的情况来判断这个墓葬主人，应该是一方诸侯，并且这个诸侯王是相当了不起。

为了确定墓主人的身份，阚绪杭在出土器物的铭文中寻找线索，最终发现了"钟离君柏"的字样，确定墓主人是春秋时期钟离国的国君名叫柏。

阚绪杭指出，这个钟代表了他的身份。特别是钟上面的铭文："君柏"二字，还有车马器，共有五车、八马，这足以证明他的身份。

在离蚌埠仅40千米的凤阳曾经发掘出钟离国的都城遗址，那么，它在春秋时期又是一个什么样的诸侯国呢？

阚绪杭指出，没有关于钟离国的单独史料记载，"钟离"二字只见诸《左传》《史记》中的零星文字。比如"会诸侯于钟离"。在记述一些重大历史事件文字中，只偶尔提到"钟离"这个名称，没有关于这个国家的记载。它的大概位置，可以确定淮河中游一带是钟离国的统治范围。这次考古发现，对于将来补上这段历史，还原钟离国的风土人情，研究钟离国，都提供了非常重要的实物资料。

蚌埠双墩一号墓的发掘，是一次重大的考古发现，揭开了钟离古国的神秘面纱，填补了淮河中游地区有关这个春秋小国的历史和考古文化的空白。这对于从事了30多年田野考古工作，不懈探求安徽古文化真相的考古学家阚绪杭来说，无疑是莫大的安慰。

▲ 青铜器罍

2009年3月的一天,内蒙古自治区考古研究所的曹建恩副所长接到了一个紧急任务。

地下4000年

塔拉所长对曹建恩说,在二道井子有一项配合基建的工作,非常紧急,要他马上就去。

接到任务后,曹建恩马上赶赴位于内蒙古自治区赤峰市境内的二道井子工地。在那里,他看到工地中间有一座土坡,那是考古人员马上就要进行发掘的古人类居住遗址。遗址的年代距今大约有4000年。

▲ 二道井子遗址

一、紧急任务：1年完成5年的工作量

> **夏家店遗址：** 北方青铜时期早期的遗址，夏家店下层文化和夏家店上层文化。遗址内出土了大量石器、陶器、铜器、玉器、骨角器等遗物，其中以在夏家店下层文化层内发现的青铜器最为重要，其生产技术水平足以与同时代中原地区最发达的文化相媲美。夏家店遗址的发现为探寻中国北方青铜文明提供了重要资料。

曹建恩受命赶来发掘的这座遗址，在考古界被定名为夏家店下层文化遗址。

早在1935年，日本考古人滨田耕作和水野清一就曾在赤峰挖掘并发现了此类遗址。

1960年，中国考古学者刘观民和徐光冀对赤峰夏家店遗址进行发掘，并首次认为夏家店下层文化存在的时代与殷商文化相当，距今已有4000多年的历史。

长期从事考古工作的人都知道，在赤峰地区发现最多的遗址就是夏家店下层文化遗址。可是，为什么这次单单只挖掘二道井子遗址，并且是紧急发掘呢？曹建恩的助手孙宁松说出了其中的缘由："赤峰到朝阳之间正在修建高速公路，朝阳那边已经修好了，赤峰这边也已经开工，二道井子遗址正好位于公路中间，把整个公路给卡住了。为了不影响整个施工进度，上级要求我们必须紧急发掘。"

孙宁松这次的任务是负责在现场指挥工人们按照既定的方案实施发掘。

这就是曹建恩等考古人员当时所面临的情况。

高速公路是赤峰市2007年就已经报批的，计划2010年建成通车，但公路经过的这座小山里埋藏着考古遗址，只有通过发掘、整理后才能继续修路。

小孙说："上级要求我们必须在一年内把这座遗址发掘、整理完，只有这样公路才能贯通。"

也就是说，曹建恩和小孙的工作就是要在遗址被掩埋前，将它的全部数据和图像采集下来。此后，这个在地下埋藏了4000多年的古人类聚落遗址将被一条高速公路彻底覆盖。

据曹建恩介绍，原计划这次发掘工作针对1万多平方米的遗址范围，也就是说，高速公路要通过的遗址地段都将要被挖掘开。

而整座遗址的面积是3万多平方米，考古人员首先要对高速公路占用的近1万平方米的地方进行发掘，并且必须在1年内完成。

那么，在1年时间内能否完成这项紧急任务呢？

小孙感到很为难，他说："1年内挖完是根本不可能的。"

▲ 二道井子遗址

曹建恩并不否认助手的说法，他解释道："这座遗址特别复杂，因为它堆积得特别的深厚，整个二道井子的地层堆积大约有8～10米。"

8～10米的堆积层，用1年的发掘时间，难道真的是一项不能完成的任务？

对于这个问题，曹建恩最有发言权。他说："当年挖掘宁城三座殿的时候，几乎考古研究所全所的人都去了，干了2年，才挖掘了三四千平方米。"

可这一次，考古所却只能派出6个人。

孙宁松说："就算人数翻五番，再给5年时间也不一定能干完。"

曹建恩进一步解释说："这里各种叠压打破关系特别多，也特别复杂，并且没有统一的文化层，很难控制。以前我们也多次挖掘这类遗址，所以心里明白，这类遗址的确很难挖得特别清楚，大家一直都对这种发掘比较担忧。"

但是这项任务又必须要在规定时间内保质保量完成。

叠压、打破：文化层的关系可分为：叠压、打破、共存三种。叠压关系就是最基本的地层分布。打破关系指晚期人类活动破坏了早期人类活动的地层上的遗迹遗址等，如灰坑、井等经常出现打破关系。共存则是指同一时期、地域，处在同一文化层上各个遗址、遗迹的关系。

二、迫不得已：精彩只能用照片记录

为了能在1年内完成这次发掘工作，曹建恩指示助手小孙采取了一个非常特殊的办法：就是挖掘完一层房子就打掉一层房子，再挖一层再打一层，挖掘过的不再保留。

这种方法是考古原则允许的，但不到万不得已很少使用。这一次，为了抢工程，抢工期，曹建恩不得以采用了这个方法。

接到命令后，孙宁松立刻在中心区布置坍方。很快，这些4000多年前古人建造的房屋、院落就暴露了出来。

1个多月后，8个坍方被发掘清理了出来。这时候曹建恩发现，这座遗址不同于以往他见过的其他夏家店下层文化遗址。

他发现，在同一个位置上，层层房子向上叠压，普遍叠压达到3层以上，最多的竟然叠压到了7层。

孙宁松说："如果不打掉上面的房子，下层的房子就不能挖，这样一来整个工程的进度就没有办法保证。"

尽管大家都意识到这个遗址非同一般，却不得不打掉4000年前古人辛辛苦苦建造的房子，不得不毁掉人们一点点发掘出来的考古成果。

现在，在遗址上人们只能看到最底层的房子了，因为为了保证挖掘进度，上面的已经全部被打掉了。

回忆当时挖掘的情形，孙宁松说："当时现场有一座编号为F6的房子，也就是我们挖掘的第6所房子，保存高度大约在1.6～1.7米。房子的外围

▲ 用照片记录的夏家店下层文化遗址

有回廊，回廊与回廊之间还有隔断，将回廊隔成一段一段的。让我们惊喜的是，每一处隔断之间都有一个小方框，人可以在这里来回进出，我们认为它是饲养动物用的。"

曹建恩也对这个 F6 印象深刻，他说："这座房屋保存得非常完好，出乎我的意料。"

▲ 夏家店下层文化遗址

然而，如此精彩的 F6 却没能逃脱被毁掉的命运，而今，它留给人们的就只有照片了。

孙宁松说："我们头一天开始挖掘，第二天这座房子就没了，那时候大家都有一种很痛心的感觉。我记得挖掘到最后，很多参加发掘的学生都不愿意把它打掉。"

因为，这毕竟是 4000 年前古人居住的遗址，更何况它们如此精彩，它们今后能为研究这个时期的古人生存状况和许多未解之谜提供线索。

考古人员继续挖掘，到了 5 月中旬的时候，又发掘出另一座房子，考古队将它标注为 F8。

F8 可以说是古人的一个经典作品。在以往发掘的此类遗址中，还没有出土过这么完整的房子。

孙宁松说："这房子特别高，也特别宽，它伫立在遗址中，很有一种鹤立鸡群的感觉，让人看了以后很兴奋，感觉它很壮阔，在整座遗址的任何角落都可以看见 F8。"

从 F8 高高矗立在地表的现象看，似乎它的命运将不同于先前的 F6。那么，F8 能否被完整地保存下来呢？

在施工计划里，答案同样是残酷的。在孙宁松完成绘图、照相和记录后，雄伟壮阔的 F8 将被无情地打掉一半。

一个多月来，小孙的工作就是这样重复着：发掘、绘图、照相，然后打掉房子。

孙松宁说："F6那么完整的一座房子我们打掉了，F8也打掉了，我们都很痛心。尽管我们都知道这座房子的特殊性，但是在没有得到领队更改发掘方案的通知之前，我们必须要兼顾整个工地的工作安排。"

谁也没想到，事情就在这时候发生了转机。

三、峰回路转：F8得以"起死回生"

按照计划，当天的下午就已经把第二天要去打掉F8的民工和学生都安排好了。可是谁也没有想到，已经执行了将近2个月的方案会在不到一天的时间里，发生重大改变。

在孙宁松发掘编号为F8的房子这段时间里，曹建恩并没有在赤峰的工地上。可是，就在F8即将被打掉的这天，曹建恩却赶了回来。他说："那天正好单位要开会，所以我在下午七点左右，驱车900千米赶到了工地上。"

他来的时候，正好是夕阳西下的时候，当他踏上工地后的第一眼，就看到了F8这座房子。他立刻被F8的雄伟震撼了，于是，他绕着工地转了一圈，将F8从各个角度仔细观察了一遍，然后问助手："这座房子很特别，你们有什么安排？什么时候打？"

助手小孙回答说："明天就打，已经安排好了。"

曹建恩的表情瞬间凝重，后来他说，当他看到F8的时候，就感觉它的价值非同小可。他说："这座房子不能打。你看这座房子特别奇怪，不仅面积很大，保存得也非常好。"曹建恩当机立断，安排工作人员扩方把F8先保留

▲ 赤峰二道井子遗址出土的文物（a）

下来。

回到考古所,他立即向领导汇报了这一情况,并说:"以前从来没有发现过保存得这么好的房屋,并且F8的形状非常特殊,所以应该把它保存起来,把它的情况都搞清楚。"

就这样,原计划在第二天将被打掉一半的F8被幸运地保留了下来,并且在第二天上午,考古人员就给F8开了另外一个十乘十坍方,大约是10米宽,15米长。孙宁松笑称:"因为要把F8整个放进去,这是专门为它服务的。"

▲ 赤峰二道井子遗址出土的文物(b)

随后,曹建恩又指派了专门的人员前去清扫F8,大约用了三四天的时间,终于把F8整体全部揭露出来了。

可是,既要完成工期又要保护F8,这能做到吗?

尽管工期很紧张,大家为了清理F8这座房子,还是多花了几天时间。

曹建恩说:"以前保存下来的房屋楼层都非常低,而F8则保存得非常高,这是它的一个独特之处。另外,F8的所有细节在这个遗址里都能体现、发掘出来。其他的房屋就不一样了,很多房屋都被别的遗迹破坏了,只有F8保存得非常完整。所以从这个角度来说,我认为应该对F8采取相应的保护措施。"

面对如此壮观的F8,联想到F6的命运,曹建恩将心里酝酿了一夜的想法告诉了小孙:"咱们要更改发掘方案,不能再这么打下去了。"小孙听到这个消息后激动地说了三个字:"太好了!"

但是,另外一个问题又接踵而至。如果不按原计划挖掘一座打掉一座,就只能按照常规的考古方式来工作,势必就会拖延工期。而这样的更改能不能被赤峰市接受,可就是个大问题了。

小孙回忆说:"曹所长一直希望自己能为赤峰市做出贡献,可是眼下这座

▲ 赤峰二道井子遗址出土的文物（c）

遗址阻碍了赤峰市的经济发展。"

不得不提的是，曹建恩的老家就在赤峰市。作为赤峰人，他当然知道这其中的利害关系。他说："如果我能如期完成这项工作，就算是给家乡做点贡献，因为毕竟现在是以经济建设为主。能把这座遗址尽快完成，公路也就能尽快建设；如果遗址挖掘不能如期完工，很可能就要影响经济建设。"

要怎样才能做到两全其美呢？

小孙说："其实那时我心里明白，曹所长当初做出这个决定，实际上他也是在赌。因为考古是一种发掘，其结果不可逆转，每一次尝试实际上都是一种赌博。"

这一天，曹建恩想了很多。将F8毁了他当然不忍心，毕竟他是考古工作者，保护遗址是每一位考古工作者的责任；而如果不毁，必然会延误工期。

经过反复思考，曹建恩最终还是下了决心。

他找到助手小孙，对他说："你把现在的发掘区先停一停，然后在这安排扩方。"扩方以后，考古队开始揭露F8遗迹现象，遗迹现象慢慢地被揭露出来。

与此同时，工地上的发掘进度立刻慢了下来，每个人都在为曹建恩担心。

小孙说："按照新的发掘计划，实际上耽误的不是一天、两天时间，甚至都不是一个月、两个月的时间，弄得不好可能会扩充到一年甚至两年。那时候我们都能感觉到，曹所长心理压力特别大，所以有时候情绪也不太好。"

曹建恩有着多年的考古经历，也曾多次负责发掘夏家店下层文化遗址。此时此刻，只有他最清楚，应该做什么、不应该做什么。

小孙说:"曹所长的做法,是对遗迹和遗物,甚至是对中国古代文化的尊重。作为一名考古工作者,不能不负责任地随便挖掘。否则,我认为这个人是不适合从事考古工作的。"

承受着巨大压力的曹建恩,没有更改自己的新方案,他在等待,等待着一个合适的机会。

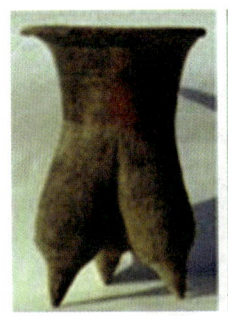
▲ 赤峰二道井子遗址出土的文物(d)

赤峰市二道井子夏家店下层文化的考古现场,在进入6月份后,施工进度就明显慢了下来。先前那种挖出一座房子就打掉一座房子的做法再也看不到了。

按照曹所长的新要求,必须完整地揭露遗迹现象,同时还要严格控制发掘质量。

改变发掘方式后,工地上渐渐呈现出了这座遗址的面貌。

曹建恩说:"发现F8的时候,发掘进行了大约七八百平方米,为了加快进度,我们扩大了挖掘面积。等发掘到4000平方米的时候,各种遗迹现象就都显露出来了。"

显露的遗址呈现出它宏大的气势,一种震撼的感觉慢慢浮现在现场所有人的眼前。

可是,遗址暴露得越多,曹建恩就越发不安。因为上级要求他在年底完成发掘,可按照目前的进度,显然是无法达到了。

此时发掘工期已经过半,可挖掘面积却远远没有过半。高速公路的工程在等待,所有的人也都在等待着曹建恩拿出解决的办法。

谁也猜不透曹建恩的心里是如何打算的。就连助手小孙也不敢多问,只能把精力都集中在挖掘整理上。

面对这些保存完好的房屋,并且是成排的古代房屋,曹建恩心里很清楚,这在世界考古史上都是非常罕见的。那时候,他心里所想的,不是应不应该

▲ 夏家店文化独有的直筒　　▲ 夏家店下层文化出土的鼓腹鬲（底部）

保护，而是如何将它保护下来。

曹建恩此时所说的"保护"，已经不是单座房子的保护措施了，而是把整座遗址保护下来。这时候，他在工地上思考的就是这件事情。

与此同时，这座遗址也开始受到行内的关注，社科院考古研究所、吉林大学的考古专家们都认为，这里是东亚地区最好的废墟遗址。

考虑再三之后，曹建恩决定向有关部门汇报这件事情的重要性。

的确，是该向领导汇报的时候了。此时已是 2009 年的 8 月底，离内蒙古地区的封冻期只有不到 2 个月的时间。

四、穿越之路：4000 年遗址终获重生

曹建恩首先回单位找到塔拉所长。听完他的汇报后，塔拉所长认为这座遗址非常重要，于是两人决定去自治区文化厅，向自治区文化厅做汇报，然后再向国家文物局汇报情况。

听了他们的汇报，自治区领导安厅长和文物处处长王大方也意识到这座遗址的重要性，他们也主张两位所长立刻向国家文物局做汇报。

曹建恩回忆："我们于 8 月 7 日到达北京，第二天就去国家文物局做了汇报。国家文物局的领导听到这一情况后，立即表态要听我们当面汇报。"

尽管国家文物局副局长童明康先生非常忙，但还是抽出了半个小时来听

▲ 夏家店下层文化出土的鼓腹鬲

▲ 夏家店下层文化出土的三足大鬲

取了两位所长的汇报。为了更好地向各位领导介绍二道井子遗址的情况,他们特意制作了幻灯片,最后,整个汇报延续了一个半小时。

二道井子遗址改变施工方法后,曹建恩在工地上待了一个多月。这段时间里尽管倍受折磨,但工地上呈现出的遗址现象也为他的汇报提供了大量有利的证据。他递交给国家文物局的是一份内容详尽的考古报告。

从考古所到地方领导,再到国家主管部门的这三级汇报,是在不到10天的时间里完成的。一时间,几乎所有的人都被二道井子夏家店下层文化遗址吸引了。

在等待国家文物局的决定之前,曹建恩的心情十分矛盾。一方面,如果国家文物局特别重视这件事情,那么影响到经济建设怎么办?高速公路的建设怎么办?另一方面,如果国家文物局认为这座遗址不重要,那么遗址就会被完全毁掉。

可在此时此刻,他所能做的只有等待,因为曹建恩知道,二道井子遗址的命运只能取决于他向国家文物局递交的报告。

很快,国家文物局的领导们就明确地表示了态度:马上派人到遗址现场考察。

这仅仅是一个开始,它预示着二道井子遗址被国家文物主管部门重视了。所有人都在期待着,这座遗址的命运就此改变。

▲ 赤峰二道井子遗址出土的文物（e）

不到一周，由国家文物局专门组织的专家团就紧急赶到了考古工地。

北京的专家们来到现场后，立刻召开了两个会议，一个是考古发掘的研讨会，另一个是有关遗址保护的研讨会。

研讨会上，专家们一致认定，这座遗址非常罕见，并且保存十分完好，近几十年来，在全国的范围内还没有发现保存这么好的遗址。所以与会专家很快便达成一致态度，要尽力保护好这座遗址。

不过，尽管专家们的意见让曹建恩平添了几分信心，但他知道，他还要面对赤峰市的一班领导。他说："那天，赤峰市市长、交通局局长、文化局局长，以及国家文物局的专家领导们连夜开了会。"这次会议决定了赤峰市二道井子夏家店下层文化遗址的命运。

在会上，王市长的态度非常明确。他说，在开会之前他就到过工地，了解了工地的情况。王市长当场表态："这座遗址非常重要，我们要保护这座遗址，我们赤峰人宁可坐着驴车去朝阳，也不能把这座遗址毁掉。"

市长的态度让曹建恩如释重负。可接下来还有一件当务之急的事，那就是高速公路怎么办？

当初曹建恩接手这个考古工地，就是为高速公路服务的。如今遗址要被保护，高速公路的建设势必受到影响。

交通局局长在会上将公路建设的情况向与会专家介绍了一番，也表示，他想尽快完成这个建设工程。

这时候，考古专家们提出了自己的看法："保护遗址是功在当代，利在千秋的事，它的重要意义远远要大于一条高速公路。虽然现在看起来对公路建设有损失，但是从长远来看，这是件好事。"

听了专家们的意见，赤峰市交通局决定修改公路方案。

曹建恩说："一个月后，交通局拿出了两套方案，一个是绕道方案，另一个是穿越方案。"

将两个方案相比较，认为从遗址下方穿越的方案投入的成本会低一些，所以赤峰市方面比较倾向这个方案。

▲ 赤峰二道井子遗址
出土的文物（f）

听到这个消息的时候，曹建恩又开始担心起来："从目前来看，穿越方案对遗址暂时没有什么影响，但从长期来看，影响却是存在的。"

曹建恩的担心是有道理的。但现在，他必须做的工作是先将遗址保护起来。

国家文物局的第一批专家走后，另一批专家又来到了工地。

这一次，中国文化遗产研究院来了7位专家，经过专家们的论证后，指派专业人员设计出了一个保护的新方案。

专家们为遗址保护提出的第一步措施，就是建设一个临时性的防护大篷。

曹建恩说："这个大棚可以为遗址提供一个防风、防雨、恒温、稳定的环境，它的使用年限大约在3～5年。"

就这样，埋藏在地下4000多年的文化遗址，终于摆脱了被毁掉的命运。人们还计划在遗址上建立永久性博物馆，为考古人员提供完整的实物，并向今天的人们展示古人的杰作。

不仅如此，经过1年的发掘，国家文物局还为此开设了一个专题，专门研究夏家店下层文化，而这项工作将持续3～5年。

为了保全赤峰市二道井子的夏家店下层文化遗址，曹建恩曾经付出过很多努力，也获得了初步的成效。但他的工作却远没有结束。一座4000多年前的古人类聚落遗址，仍需要他继续努力，付出更多的辛苦。

1977年夏，位于河南省西南部的淅川县，一连数月滴雨不见，庄稼枯萎，田地干裂。这已经是南阳地区持续干旱的第三年。

淅川楚墓

一、网上来一堆铜器

1977年秋，严重的旱情使淅川县丹江口水库极度枯竭，库区水位一退便是100多米。甚至，连淹没多年的龙山山脊都神秘地露出了库区的水面。

据说，有一天，淅川县仓房公社的两个渔民正在龙山南端的岸边，像平常一样撒网捕鱼。当渔民开始慢慢收网时，不知为什么，这个渔网突然变得出奇的沉重。

当两个渔民费尽了全力将渔网小心翼翼地拉上小船时，出现在眼前的这一切把他们惊呆了。原来，自己撒下去的渔网，居然拉上来沉甸甸的一兜黑乎乎的铜器。

其中，有铜簋、铜壶、铜盘……

见此情景，两个渔民欣喜若狂。因为，他们懂得这些古物的价值。接着，他们又一连撒下三

丹江口水库： 是亚洲第一大人工淡水湖、国家南水北调中线工程水源地、国家一级水源保护区、中国重要的湿地保护区、国家级生态文明示范区。2012年大坝加高后，水域面积达到1022平方千米，被誉为"亚洲天池"。它的建成解除和缓解了湖北武汉、襄阳等23个县市的洪水威胁，其抵御洪水的能力达到了百年一遇的标准。

网，网网如愿以偿。后来，他们把这些古物卖给了文物贩子，结果一夜之间成了暴发户。

一天，仓房公社几个放羊的小孩，正在下寺龙山山脊的水库岸边嬉戏，忘记了照看他们的羊群。

忽然间，"呼腾"一声闷响，距这些小孩不远处的水库岸边，突然坍塌下去一个黑沉沉的大洞。随着水浪的不断冲击，坍塌的坑里渐渐地显露出一些黑色的东西。

这些突然出现在水中，铸有同样花纹而形状不尽相同的神秘器物，吸引着孩子们既恐惧而又惊奇的目光。这难道就是大人们经常说到的水中宝物吗？

最后，这些孩子们以极大的兴趣，把这些突然出现的宝物一件件从水中捞了出来，高兴地带回了自己的家中。

据说，像这样的"奇闻怪事"在当时的淅川县仓房公社丹江口水库一带流传很广……

位于河南省南阳市最西南角的淅川县南部与湖北省相毗邻，向西和陕西省接壤，北依伏牛山，向东可以俯瞰南阳盆地，丹江和淅水南北贯穿全境。古文献中所说的"丹淅之地"就是指这里。

仓房公社地处丹江口水库的西岸，远离淅川县城西南大约50千米。这年秋天，"奇闻怪事"又开始在这个偏远山区流传了。

原来，1977年10月的一天，仓房公社的几个社员又在下寺龙山南端意外地发现了一座被水不断冲刷且破坏严重的古墓，并在岸边水中捡到了一些青铜器和玉器。

这时，颇具文物保护意识的公社领导，一方面把这些"奇闻怪事"马上汇报给了县里的文物管理委员会。另一方面又派有关人员前往墓地收集散失文物，并指定专人保护岸边现场。

仓房公社领导汇报的奇闻怪事，立刻引起了淅川县负责文物部门的高度警觉。随后，当时担任淅川县文化馆分管文物的副馆长张西显，马上亲自带人，前往仓房公社展开实地调查。

经调查判断得知，这是一座春秋中期墓葬，这里正东方水下有一个古城遗址，被当地群众称之为"龙"城。发现的古墓就位于群山中，这个三面环水的龙岗上，当地人称为"龙山"。

张西显与同事们本来打算进一步清理被大水冲刷破坏得已面目全非的古墓现场。但是，由于龙山山脊四面环水，根本无法进行钻探和发掘，无奈他们只好暂停对墓地的清理。

二、对古墓进行发掘

1978年5月，当丹江库区水位再次下降时，为了进一步掌握这一带墓葬的分布情况，张西显等人首先对下寺附近的龙山山脊以钻探的形式，进行了全面深入的调查。

结果，他们发现这一带的地下古墓星罗棋布，排列有序地分布在龙山上，这里极有可能是一处春秋时期的大型墓地。整个墓地，远有群山簇拥，近有丹江相护，显得气势非凡。

张西显等人返回县城后，文物管理委员会把有关情况及时地向省文物部门做了详细汇报。没过两天，试掘专款就直接拨到了淅川县。后来，库区水位稍一下降，他们就去发掘。

第一阶段发掘期间，丹江口水库的涨落直接影响了这里的考古工作，每当水落了，考古发掘就抓紧进行，水涨了考古就被迫终止。这样的考古发掘节奏从1978年5月一直持续到10月。

即便这样，这一年淅川下寺古墓群居然发掘、清理出了数以千计的楚国文物。特别是其

▲ 出土于淅川下寺附近的和尚岭墓地的神兽系铜鼓架座

中一个编号为 M2 号墓的发掘结果,更是令考古人员目不暇接、叹为观止。

在确定了 M2 墓为楚国大型高级贵族墓葬后,为了加强库区的考古工作,1979 年 3 月,河南省组成了省、地、县丹江库区联合考古发掘队,开始对下寺墓区进行全面的发掘清理。

M2 号墓葬虽然也曾经被盗掘,但是,这次发掘墓内仍出土了包括礼器、乐器、车马器、兵器、玉饰等器物达 6098 件。墓中出土仅带有铭文的器物就多达 69 件。

▲ 和尚岭二号楚墓出土的画像铜壶

在 M2 墓中,这套形制相同、大小递减的青铜鼎更是令古文字经验丰富的郝本性激动不已。因为,这些鼎内的铭文都涉及"王子午"3 个字,所以这套鼎被定名为"王子午"升鼎。

铭文中全面记录了王子午一生的功德,大意为:楚康王某年元月丁亥这一天,王子午选择了精美的黄铜,铸造了礼器升鼎,用来祭礼祖先文王,用来乞求长寿。

王子午的实际职务叫令尹,所谓令尹就是楚王下面的最高长官,相当于后来的宰相。按照古代礼制,鼎是国家权力和个人身份的象征,在礼器中处于首席的地位。

一旦刻上名字就不能随便送人。除享用终生外,死后还要陪葬在自己的墓中。所以,发现了鼎的主人也就等于找到了墓主。

令尹子庚以七鼎之礼随葬,表明了他在楚国地位之高。那么,这个墓主应该就是王子午"宰相"。但是,这仅仅只是一个推测。

▲ 和尚岭一号春秋楚墓出土的克黄鼎

> **楚文化**：楚国先民吸收了华夏先民所创造的先进文化因素，并以中原商周文明，特别是姬周文明为基础发展起来的一种文化。楚国被秦国灭亡后，楚文明也被秦文明所接受、改造。后来在楚人亡秦的过程中，楚文明得以部分恢复，并融入汉文明之中。

不久，这里又发掘出陪葬的6车19马的大型车马坑，这进一步确定墓主肯定应该是侯爵一级的贵族。这与王子午的身份是相符的，这一发现证明了郝本性的推测是正确的。

王子午去世的公元前559年，楚国国都已迁郢都很久了。像王子午宰相这样赫赫有名的王室贵族，死后不葬在郢都，却为什么要葬在离郢都千里之外的丹江流域龙山岭上呢？

1978年和1979年两次对淅川下寺岭楚墓的全面发掘，是楚文化考古上的重大发现，一时轰动了全国。它使人们重新审视楚文化，开始把寻找楚文明的目光投向了这里。

三、寻找楚国早期的都城

丹江是楚国文化的发源地，长期以来，对楚文化的研究一直局限在湖北。由于没有出土过珍贵文物，楚国始都丹阳城的位置究竟在何处一直争论不休。

在人们印象中，楚国最为辉煌的历史发生在江汉平原，这点史学界已经形成共识。而今天看来，地处偏僻、经济相对落后的丹江口库区，真的会是楚国始都的所在地吗？不少人对此充满疑问。

司马迁在《史记·楚世家》中记载：楚人初居丹阳，只是弹丸之地，其后以此为立足点向南推进，发展成为雄踞南方的泱泱大国。那么楚国始都丹阳城究竟在何处呢？

楚国早期的都城在什么地方，学术界一直有争论，有的叫秭归说，有的叫枝江说，枝江就是现在的湖北省当阳市，还有的说叫南漳……但是在清朝有一个学者叫宋祥凤，他主张楚都在丹阳，就是丹水之阳。这个地方有一个丹水，还有一个淅水，他说这个丹水和淅水交汇的地方，在丹水之阳，这个地方就是古代最初楚国的都城。这个说法对确定楚都丹阳的地望，提供了一个很好的证据。

当淅川下寺楚墓群被发现,众多的楚墓、令人叹为观止的文物,使越来越多的人认为这里是楚国早期的一个政治、经济、文化中心,很可能就是司马迁所说的楚国最初的封地丹阳。

由于早期楚国考古资料有限,文献史籍记载与现代地名又难以对应,在发现淅川下寺楚墓群后,专家学者们形成了两种观点,即"封地说"和"归宗说"。

"封地说"认为,被淹没的顺阳川是王子午封地,死后葬在自己封地是很正常的事。"归宗说"认为顺阳川就是楚国最初的封地丹阳,龙城很有可能是楚国始都。

在学术界此消彼长的争论声中,"封地说"和"归宗说"一直相持不下。

1979年,下寺楚墓群的发掘终于结束了,一系列猜测也都随着发掘的结束而陷入沉默。

就在淅川下寺楚墓群发掘10年后的1989年秋,丹江口水库再度因干旱大面积缩减水面,水位大幅下降,距下寺墓区不远的一些古墓葬又一次神秘地露出了水面。

特别在枯水期,暴露出的古墓轮廓十分清晰,随处可见,根本用不着具备专业知识,普通人也能找出古墓在哪儿。在文物贩子高价收购文物的诱惑下,一时间,仓房盗墓成风。

抢救发掘已刻不容缓。1990年2月,河南省文物考古研究所组成了省、地、县三级联合文物考古队对这片墓区进行抢救性发掘。

他们把目标锁定在和尚岭、徐家岭墓地。和尚岭也是龙山冈上的一个小岭,它的位置较

▲ 南阳市淅川县寺坡汉朝崖墓出土的器物

下寺岭楚墓的位置略高。据村民说，这里的墓可能没有被盗掘干净，应该还有残留物。

在库区岸边进行发掘不同于其他地方，一旦下雨，库水上涨，任何人也没有办法救助，只能眼睁睁地看着挖开的墓葬连同其中的宝物一同被大水吞没，所以必须争分夺秒。

在原本没有心理准备的情况下，一号墓仍然给发掘者们带来了意外惊喜。在这个墓中出土的两件升鼎的底部刻有四字铭文。这"四字铭文"的背后又隐藏着什么秘密呢？

这个铭文的四个字是"克黄之升"，"之升"表明这个鼎就是升鼎，那么"克黄"是谁呢？

与此同时，又一个关键证据意外地出现了。

原来，淅川县公安部门在打击盗掘活动时收缴的文物中，有属于这个墓所出的鼎、方壶等。其中两件方壶上同样铸有"克黄"字样，这为进一步证明墓主是克黄提供了有力证据。

不久，经过郝本性对铭文的解读，原来，这里真的埋藏着众多的楚国王族显贵。

《左传》记载过一个叫箴尹克黄，这个箴尹在现在来说相当于监察委员会的主任，古代封建社会叫谏官，就是国王或者朝廷里有什么过错，他可以检举，可以提建议，甚至可以鉴证，这个官叫克黄。

从这个墓出土的"克黄之鼎"和"克黄之壶"，应铸造于公元前605年前，这个时代属于春秋中期。所以，专家以此来判断克黄升鼎是目前发现的楚国最早的升鼎。

王子午和克黄都是楚国高级贵族，都担任过重要官职，他们的墓葬相距不过区区400米！这么小的区域绝对不可能是两大贵族的封地。

那么，这里究竟是一个什么样的地方呢？又该怎么解释龙城周围的这大批楚墓群呢？

有人就认为，这就是芈氏家族，或者他的封地亦在这个地方，或者他本身最初发源在这里。从这个角度说,有人就主张这个做法就是归宗,就是人死后要埋在他的老家。这些说法都不妨碍认定这个地方应当是楚都丹阳。

淅川和尚岭、徐家岭楚墓全面发掘后,再次引起史学界、考古界的极大关注。目前仅发掘了100余座,出土文物14000多件。徐家岭发掘被评为"1992年全国十大考古发现"之一。

淅川春秋楚墓的发现与发掘,再次把河南考古事业推向了一个辉煌顶峰。

一座座贵族墓地的发掘,一件件惊世文物的出土,丹江口水库区域已成为研究楚文化绕不开的话题。现在,不少学者认为,这里的淹没区很可能就是司马迁所说的楚国始都丹阳城。

四、稀世珍品王子午鼎

河南省博物院在淅川丹江楚墓群出土数以万计的楚文物的基础上,选择最具代表性的楚国青铜器,成立了河南省博物院楚国青铜器艺术馆。

这里的青铜器很多都是稀世珍品,居全国之最。奇绝、灵秀的楚文化以其鲜明独特的文化特色,令人震撼。

▲ 淅川下寺二号墓中出土的王子午升鼎

王子午鼎共7件,大小成序。这是其中最大的一件,出土时鼎中尚有牛骨保存,旁边还放有一个用于鼎中取食的"铜匕"。这种形制的鼎叫作升鼎,其特点是平底浅腹,两耳外撇。

从这件王子午鼎的身上,我们似乎可以看到楚国贵族的赫赫威势与钟鸣鼎食的生活,反映楚人神奇瑰丽的浪漫情怀和天人合一的艺术气质。

甬钟: 西周时期的青铜乐器,属打击乐器类,由舞部、篆部、钲部、鼓部、枚、铣几个部分组成。其铸造年代从西周早期一直延续到西周晚期。西周灭亡后,甬钟并未随之消失,而是在春秋战国时期继续沿用发展。著名的秦公钟、曾侯乙钟里面还有甬钟。

▲ 女冢六号战国楚墓出土的铜豆

2000多年后的今天，昔日的赫赫威风已随风而去，而陈列眼前的这美轮美奂的食具，却仍在昭示着一个时代的辉煌……

26件一组形制相同、大小相似的王孙诰甬钟是中国目前发现的最大的一套春秋编钟。经测试这套编钟音域宽广，音色清晰。

今天，它们仍能够演奏出优美动听的乐曲……

1967年11月蓄水的丹江口水库，是在特殊历史背景下开工的，大坝建成后，许多珍贵的历史文物和古代文化遗址被淹没于水库之中成为永远的遗憾。

2011年，作为南水北调中线水源地的丹江口水库，会消落到历史的最低点130米，这里一批重要的文物遗址再次被暴露出来。

人们相信，随着南水北调文物保护工作的全面开展，这里不断会有惊人的发现……

2009年末,河南省安阳市成为中国瞩目的焦点。东汉的曹操墓在这里得以发现。

王陵遗梦

一、曹操率领大军盗墓

很少有人知道,曹操这个中国历史上声名显赫的人物,在东汉末年,当了一回盗墓贼。

2000多年前的一个夜晚,曹操带兵隐没在一片群山中。这里丛林掩映,夜色中,曹操率领士兵大肆挖掘。

一个地下宫殿,赫然出现眼前。

当墓主人的石棺被撬开,一丝惊异掠过曹操的脸庞,数不尽的宝藏尽现眼前。

最终曹操得到了72船金银财宝。

曹操这样位高权重的人物是被什么人的财宝所吸引?使他不怕声名狼藉,竟敢冒天下之大不韪?地宫里的主人又是何等显赫的人物呢?

在今天中国的版图上,有一个不起眼的小城,它位于河南省的东部,人口只有100多万,过去它只是一个小县城,今天被称为河南省永城市。

历史上，永城从夏朝开始，就被封为属地，到了秦的时候在这里设砀郡，西汉从高祖刘邦开始，在这里设置梁国，隋朝时开始称永城县。

永城之所以成为历朝历代比较重视的地方，与它的地理位置有关。

永城与山东、安徽、江苏，三省毗邻。素有豫东门户之称。自古就是战略要地。而其北部的芒砀山就成为进入中原的东大门。

当年曹操盗墓的地方，正是在芒砀山的群山之中。

《三国志》中记载，汉末曹操"引兵入砀，伐梁孝王冢，破棺收金宝万斤"。也就是说，曹操盗的是西汉梁孝王之墓。

▲ 梁孝王

梁孝王叫刘武，是汉高祖刘邦的孙子，文帝和窦太后的儿子，汉景帝的同胞兄弟。是西汉诸侯国梁国的国君，因为死后谥"孝"，史称梁孝王。

河南大学教授王立群称，史书记载，梁孝王的富有超过了天子，这个主要是窦太后的赏赐，窦太后非常喜欢她的小儿子，便赏赐无数。一直到梁孝王死的时候，他仓库里的金子都多得不得了。

作为如此富庶的梁国国君，梁孝王的墓葬一定非常奢华。那么在芒砀山这样一片群山之中，哪里是曹操盗墓的地方，哪里又是梁孝王的陵墓呢？

二、寻找梁孝王的陵墓

当时还在永城市文化馆工作的陈文钦来到了芒砀山。作为文化工作者，陈文钦格外留意民间的传说。这一天，他听到了一个不可思议的传说。这个传说源自在芒砀山裸露了千年的古老洞口。

这个古老的洞口位于芒砀山南麓的保安山。在当地人们的传说中，它已经裸露了上千年。过去一些胆子大的人曾经前往，但是随着恐怖的传说越来越多，很少有人再走进洞里。

陈文钦被恐怖的传说吊起了胃口，他决定独自进去探个究竟。

洞里黑漆漆一片，回想起人们的各种传闻，陈文钦感到格外恐怖。

时间仿佛凝固了，想起人们将这个洞叫孝王避暑洞，陈文钦恍若回到了2000多年前。

公元前169年，文帝的儿子梁国国王刘揖突然坠马而死。

接到噩耗，文帝顾不得过分悲痛，他要立刻选出继任的梁王人选。因为梁国地处通往关中的要道，对于汉政权来说至关重要。

此时文帝政权面临的是日益增强的皇族派刘姓诸侯的威胁，所以文帝对梁王的人选非常慎重，这时大臣贾谊提出把梁国的地盘扩大，推选文帝的儿子刘武任梁王。

当时任淮阳王的刘武不但文武双全，而且非常孝顺，深得母亲窦太后的喜欢。更重要的是他和当时的太子，也就是后来的景帝关系非常好。

此后的历史印证了大臣贾谊的明智，在汉帝国面临危机的时候，刘武起到了相当关键的作用。

公元前168年，梁孝王刘武到梁国赴任，定都睢阳。

刚刚走马上任的刘武望着父亲给予他的比前几代梁王还广大的土地，踌躇满志。

刘武并不知道，他在梁国将经历人生中最为艰难的时刻。

2000多年前发生在永城的历史，让陈文钦更加想弄清楚，眼前的这个洞是否真的和梁孝王有关。他在洞中继续摸索着前进。

这是一个巨大的洞，确切地说，像一个地下宫殿。它由很多的屋子组成，陈文钦走了一圈又一圈。

就在这时，陈文钦发现自己迷路了。

凭着感觉，陈文钦觉得这是一个非常庞大的地下宫殿。但是这巨大的宫殿到底是用来做什么的，为什么会建在这样的荒郊野外呢？

当地的老百姓把这个洞叫"孝王避暑洞"。可是作为梁国鼎盛时期的国君梁孝王怎么会选择这样一个偏僻的地方建一处避暑的地下宫殿呢？这似乎也不合常理。

这个位于保安山主峰的"孝王"避暑洞，在陈文钦的心里成了一个谜团，他并不知道，这个谜团将会在若干年之后，随着另一个谜题的破解，大白于天下。

20世纪90年代初，永城芒砀山的开山采石声不断。一天，在保安山主峰一侧，距孝王避暑洞北面100多米的山顶上，一个陪葬坑被炸了出来。考古人员赶到了这里。

这个陪葬坑先是出土了大量精美的铜器。然后是鎏金车马器、玉制品和生活用品等1800多件文物。这些精美的文物，显然是王室所用之物。它的年代属于西汉早期。

大量珍贵文物的出土，意味着在陪葬坑的下面，也许就是一个巨大的陵墓。

李俊山和陈文钦决定顺着陪葬坑炸出的一个盗洞口，冒一次险。他们想知道里面是否如他们想象的是一个巨大的陵墓。

洞口窄得容不下身体的宽度，李俊山和陈文钦开始往里爬行。

在巨石上爬行10多米，仍然看不到尽头。这让李俊山和陈文钦感觉既恐怖，又兴奋。也许正如他们想象的那样，这里是一个巨大的陵墓。

果然，当他们摸索前行了大约20米的距离之后，眼前豁然开朗。这个空间让李俊山和陈文钦惊呆了。

陈文钦回忆，看到上面好多东西都涂得通红的，都是红彤彤的，最后摸了下，一看，是朱砂。

从涂满了红色朱砂的房间来看，这应当是一个王或后以上级别的墓葬。因为朱砂是一种名贵的中药材，只有身份显赫的人才能够用得起如此多名贵的朱砂。

李俊山称，我们的心里非常震惊，这种震惊是无法用语言来描述的，因为这里规模太大了。

李俊山和陈文钦继续往里走，地面上一片狼藉，显然这里已经被盗墓贼光顾过多次。

正如他们所预料的，这是一个巨大的陵墓，根据考古工作的经验，李俊山判断这是一个西汉时期的石崖墓。从墓葬规模来看，墓主人应当是西汉时期，一位诸侯王级别的人物。

▲ 梁庄王墓出土的文物（a）

现在发现的这一陵墓和孝王避暑洞都在芒砀山的保安山，而且相距不远，可是这个墓却远远大于孝王避暑洞，它会不会就是被曹操盗掘的梁孝王墓呢？

这一发现，惊动了河南省文物考古所的专家。于是，大规模的发掘开始了。

专家们将此墓命名为保安山二号墓。

保安山二号墓是一个有着2个墓道的石崖墓，它坐西面东，凿山为室。墓门被巨大的塞石封堵，显然这是用来防盗的。

当墓道和墓门的塞石被清理出来，一个巨大的陵墓出现在考古人员面前。

这是一个大型石崖墓，它全长210.5米，总容积1650立方米，属于西汉早期。它坐西朝东，东西2个墓道，3段甬道把一座山体凿穿，甬道两侧分布着大小不同的侧室，这31个侧室起着不同的功用。

除此之外，墓主人还仿照生前的生活起居，开凿了两个主室，作为前堂后室，通过第一段甬道是前堂，前堂用来接待客人，穿过前堂进入第二段甬道，是后室。后室是生活起居的地方。显然这是仿照了西汉建筑"前朝后寝"的建筑格局。

这个陵墓规模大大超过了此前考古界发现的西汉徐州楚王墓和河北满城中山靖王墓，称得上是千年石室第一陵。

如此庞大的墓室，他的陵墓建造者会是谁呢？

史书记载，西汉时期永城属于梁国的封地，梁国国君死后大都选择葬在

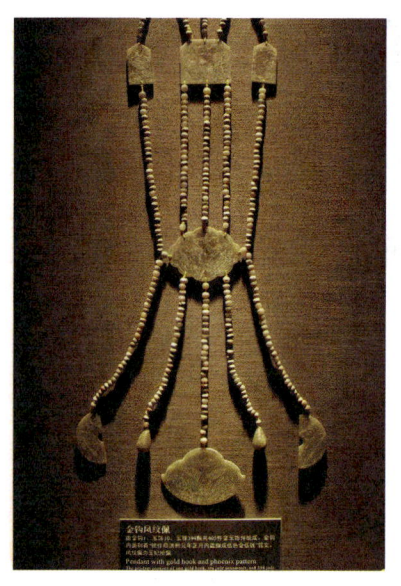

▲ 梁庄王墓出土的文物（b）

了芒砀山，从梁孝王开始，大约有8代梁王葬在了芒砀山。

由于保安山二号墓多次被盗，墓主人的尸骸和棺椁已经找不到痕迹。

在陵墓后室的侧室里，考古人员发现了一些玉衣片。他们断定，墓主人穿着金缕玉衣。这个侧室应当是主人的棺椁所在的位置。

"玉衣"是汉朝皇帝和高级贵族死后特用的殓服。既然这个墓的主人下葬的时候穿着金缕玉衣，就更加肯定了他是梁王一级的人物，那么这个墓的主人究竟会是哪一位梁王呢？

从保安山二号墓的形制和规模来看，墓主人应当是梁国历史上身份最为显赫的诸侯王。而梁国财力丰厚，国力最为鼎盛时期，恰恰是在梁孝王时期。

三、一次灭顶之灾的降临

梁国的鼎盛来自西汉帝国的一次灭顶之灾。

公元前154年，由于景帝实行削藩政策，西汉政权爆发了吴楚齐赵等7个诸侯国的叛乱。带头谋反者是最大的藩王之一——吴王刘濞。

吴楚七国声势浩大。由于梁国地处中原的东大门，就成为叛军首当其冲的目标。

面对数倍于梁国的敌人，梁孝王焦急万分，派信使向朝廷请求援兵。

景帝派太尉周亚夫率兵平叛。

王立群称，景帝跟周亚夫商量了一个策略，这个策略就是周亚夫打吴楚叛军的主要方法是断其粮道。为了能够集中断其粮道，就需要有人来遏制和吸引吴楚叛军，这个任务就交给梁孝王。

周亚夫和景帝暗中达成了一种默契。周亚夫并不出兵救梁。致使梁军孤军奋战，形势异常危急。

这一天，梁孝王招来几位大将，念及母亲窦太后和哥哥景帝在宫中，梁孝王声泪俱下，他跪请大将们，奋力一拼，誓死卫国。

梁孝王的至诚之心感动了将士，梁国独自抵抗吴楚叛军3个月，为中央军赢得了时间。

七国之乱后，梁国与中央军赢得了同等的功劳。梁孝王得到窦太后赏赐的金银财宝不可计数。

七国之乱： 公元前154年，以刘邦之侄吴王刘濞为首发动了一次同姓王联合大叛乱。后被汉景帝平定。

与此同时，梁孝王大建宫室，广筑东苑，据史书记载，梁东苑的规模达到了150多千米的范围。除了皇帝的上林苑之外，梁东苑成为当时天下最大的苑囿。

这时候梁孝王的地位也如日中天，与天子同乘一车，进出长安城。

河南省文物考古所副所长张志清称，梁孝王应该说是中国历史上最显赫的诸侯王，因为他的地位比较高。

史书记载，梁孝王之后，梁国被一分为五，逐渐衰落，所以说梁孝王应当是梁国历史上身份最为显赫的诸侯王，而保安山二号墓巨大的规模也绝非财力一般的诸侯王所能开凿，这样看来，保安山二号墓的主人，极有可能就是梁孝王。

四、一位梁国的王后墓

这一天，考古人员在保安山二号墓的陪葬坑，发现了一枚铜印。铜印上刻着"梁后园"的字迹。

这个关键证据的出土，推翻了此前人们的所有猜测，保安山二号墓的主人是一位梁国的王后。但是梁国有那么多的王后，这个墓主人是哪一位梁国

▲ 梁庄王墓出土的文物（c）

国君的王后呢？

这时，陪葬坑出土的另一个关键证据锁定了范围。

梁后园铜印和孝园瓦的同时出土，证明这个墓的主人应该是梁孝王的皇后李后。

与此同时，考古人员在陵墓出土的五六千块塞石上，发现了许多字迹。这些字迹有的刻有工匠的名字，有的标明了塞石放置的位置。

一天，在一个耳室的封堵塞石上，考古人员发现了"西宫"字样。这块塞石上刻的字是"西宫西南"。这是一个非常重要的信息，意味着在这个墓室里有被称为西宫的房间。

接着，在通往后室甬道口的塞石上，考古人员发现了"西宫"字样，然后在通往前堂甬道口的塞石上，考古人员又发现了"东宫"字样。

这就是说，保安山二号墓中前堂和后室分别叫作东宫和西宫。待人接客的前堂叫东宫，生活起居的后室叫西宫。同时这些塞石还传达出一个重要的信息，这是一位女性的宫殿。

这更加印证了这个墓的主人是孝王的皇后李后，而不是孝王。

保安山二号墓的主人终于真相大白。然而当专家们仔细审视梁孝王皇后身后的这个巨大陵墓，却发现了众多鲜为人知的秘密。

李后墓的规模令人惊讶，它由2个墓道、3个甬道和34个侧室组成，全长210米，面积1600平方米，容积6500立方米。是目前中国发现的最大石崖墓。

专家们仔细审视这个巨大的墓葬，发现这里隐藏着许多待解之谜。

在西宫一侧的一个耳室，在这个房间的地下，有类似于我们今天所使用的地漏。2000多年前就有了类似今天的下水道，这有些不可思议。那么这个房间是用来做什么的呢？

李俊山说，地面上有一个石头凿出来的方形石槽，中间方孔里有一个圆孔，代表着沐浴间。沐浴以后，本来里面可以放一个沐盆，然后有铜匜，也就是水瓢，舀着水以后，人坐到里面，另外一个侍女帮着把水倒到身上，然后进行搓洗。这就是一个大沐盘，这沐盘带有两个环，用鎏金的铺首做装饰，特别讲究。

在挨着沐浴间的另一个侧室，是2000多年前的坐便厕所。这也是中国目前发现的最早的坐便厕所。

李俊山说，在坐的石头上，脚踏的地方还刻有画像，就目前所发现的来说是最早的画像石。上面刻的是几棵常青树，还有一只凤鸟，下面是绶带穿臂，刻得非常精细，非常规整，表现了王室的气派。

在另一个大侧室，专家们发现了2000多年前西汉王宫使用的冰凌室，它相当于我们今天使用的冰柜。

李后墓汇集了东宫、西宫、贮冰室、浴室及许多贮藏室。可以想象，这些众多功能不同的房间，当时一定塞满了各种豪华的随葬品。

梁孝王的妻子李后墓规模尚且如此奢华，可以想见，梁孝王的陵墓一定更加壮观。但是梁孝王的墓到底在哪里呢？

五、寻找梁孝王的陵墓

李后墓位于保安山东麓，占据了保安山的一个山丘，而与李后墓相邻的是保安山主峰，在这个主峰的下面，恰恰就是被当地老百姓叫作孝王避暑洞的孝王洞。

而在李后墓山顶上的陪葬坑里，考古人员又发现了与孝王墓有关联的唯一证据"孝园瓦"。这一切，暗示了孝王墓和李后墓似乎有着某种联系。

考古人员决定，兵分两路，一路踏勘孝王洞，一路走访调查，寻找新线索。

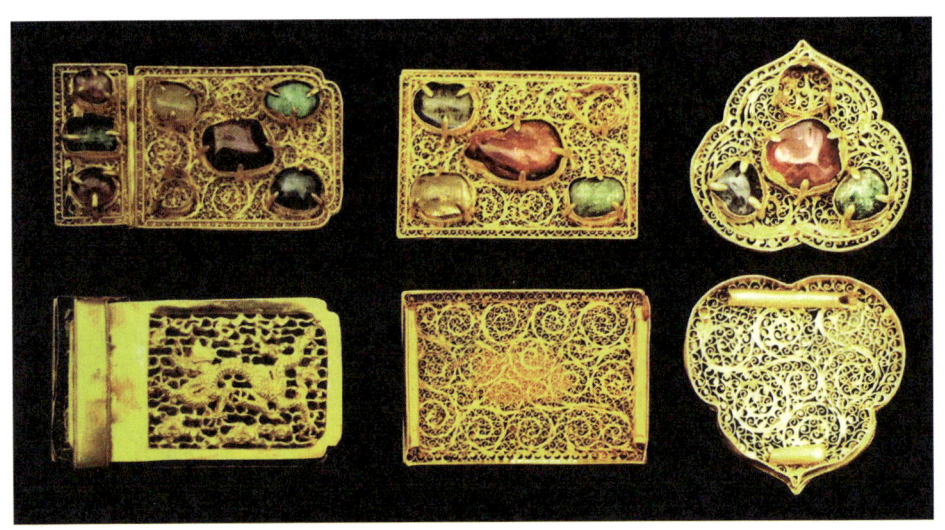

▲ 梁庄王墓出土的文物（d）

20世纪90年代的某一天，李俊山和陈文钦走进了被当地人称为孝王避暑洞的孝王洞。

李俊山以专业的眼光判断，这是一个大型石崖墓，从墓制形状来看，此墓应该和李后墓一样，属于西汉时期。专家将此墓命名为保安山一号墓。

保安山一号墓和二号墓相比，都是坐东朝西，只是规模和形制小了很多，一号墓只有李后墓的三分之一大。但是其规模却超过了徐州楚王墓和河北中山靖王墓。李俊山判断，这个墓主人可能是梁国王室的人。

北魏郦道元的《水经注》和清末《永城县志》都明确地指出，这个"孝王避暑洞"就是孝王墓。

这样一个大型石崖墓，从地理位置和裸露的时间来判断，暗合了孝王墓在历史上被盗的时间和地点，从这点上来说，它有可能就是梁国国君孝王墓。

但是令人不解的是，如果这个墓真的是梁孝王墓，作为一个身份显赫的诸侯王，梁国国力最为强盛时期的国君，梁孝王的墓理应比他的皇后李后的陵墓大，而保安山一号墓只有李后墓的三分之一大，似乎不合常理。

就在这时，调查走访的人员，得到了一个重要线索。在保安山一号墓前面的平台上，老百姓曾经发现一个南北方向的石头墙。这个线索引起了张志清的注意。

经过发掘，一个有 6000 平方米建筑规模的遗址浮出水面，在这里发现了大量刻有"孝园"字迹的瓦片。从遗址的布局和结构判断，这里是梁孝王的寝园。

张志清注意到，梁孝王寝园的南墙恰好与保安山一号墓墓道相对。这让张志清断定孝王洞就是历史上声名赫赫的梁孝王之墓。

在芒砀山南麓裸露了上千年的古老洞穴，原来就是历史上赫赫有名的梁孝王之墓。

六、解开梁孝王陵墓之谜

与此前发掘的李后墓不同，梁孝王墓只有 1 个墓道，1 个主室，11 个侧室，规模远远小于李后墓。

一个堂堂的梁国国君，一个国力最为强盛时期的诸侯王，为什么陵墓只有其夫人的三分之一大呢？

一天，考古人员在孝王墓甬道一侧的耳室里发现了更加令人不解的现象。

这是一个巨大的耳室，比其他耳室大出 3 倍之多，这样巨大的耳室到底是用来放什么的呢？

在这个大耳室的墙壁上，考古人员发现了一些横槽和方孔，这些横槽和方孔看起来像是搭架子用的。这让他们对这个耳室的功用产生了猜测。

当考古人员仔细审视这个耳室的顶部时，又有了新的发现。

耳室的顶部凹凸不平，大部分是粗粗开凿出的模样，但是在靠近门口的顶部，却有一部分被打磨的平整光滑，看来整个顶部是要经过这样精加工的，但是没有做完。

联想起孝王墓整个规模远远小于李后墓，考古人员心中的疑问越来越强烈。难道这个陵墓就像这个耳室一样，也是一个仓促而就的工程？

如果真是这样，在梁孝王临死前的几年里，一定是发生了什么。那么在这个声名显赫的梁国国君的身上究竟发生了什么呢？

公元前150年的一天，梁孝王有些心神不宁，他似乎在等待着什么。

这一天，他派去的刺客出现在京城以袁盎为首的几个大臣的家里。这一行动的胜负，将直接和他的性命相关。

七国之乱后，梁孝王的地位达到了前所未有的顶峰，他与天子同乘一车，进出长安城。这样的待遇，让梁孝王想当天子的欲望越来越强烈。

再加上景帝在一次宴会上曾戏言，千秋之后传位梁王，更加让梁孝王以为自己就是未来的天子。

结果出乎梁孝王预料，景帝最终立了皇十子刘彻，这让梁孝王心里很不舒服。

梁孝王听说是袁盎等几个大臣，劝景帝不要改变王位传子不传弟的祖制，就怀恨在心，他与几个宠臣密谋，商量了刺杀袁盎等大臣的计划。

这一天，袁盎被刺死，但是梁孝王刺杀其他大臣的阴谋最终败露。

王立群称，作为一个诸侯王敢刺杀中央政府的重臣，这在汉朝是绝无仅有的，所以引起了汉景帝的震怒，梁孝王开始还想顶着，最后在韩安国的劝告下，他才决定交出凶手进京认错，但这个时候他们兄弟之间的关系很僵化了，其结果就导致汉景帝公开冷落梁孝王。

景帝没有治梁孝王的罪，但从此有意疏远刘武。这一年梁孝王入朝也不得久留京城。

从京城备受冷落归来的梁孝王，始终郁郁寡欢。公元前144年夏，梁孝王在打猎途中中暑，本来只是一个小病，没想到6天之后，突然暴病而亡。

专家们判断，梁孝王陵墓的营建有可能从他一到任就开始了，这是许多诸侯王的惯例，但是中间梁孝王的地位如日中天，大有继位的可能，这期间修建工程有可能会停下来。

当梁孝王的天子梦破灭，工程才加紧进行，没想到梁孝王突然暴病而亡，所以工程仓促完工。

谜底似乎被揭开了，梁孝王遗落的天子梦导致了他的陵墓规模远远小于李后墓。

从孝王墓的封土堆看去，孝王墓占据的是保安山的主峰，而李后墓却是保安山主峰一侧的山丘，这恰恰符合汉朝夫妻合葬"同穴不同茔"的葬俗。

但是考古人员没有想到，在这两个看起来连在一起的山丘下面，居然还埋藏着一个秘密。

这一天，考古人员在李后墓西宫附近的一条隧道上，突然发现了奇异图案。经过仔细寻找，他们发现，地面上共有7个大小相等的圆形图案。

这条隧道位于李后墓后室，全长50米，呈倾斜状往下延伸，黑黑的隧道尽头被渗出的山泉水覆盖，看起来格外恐怖。

对于这样一条隧道的用途，一直以来存在争议。从它在墓中的位置来看，显然不是当作甬道来用的。

多数人认为，这条隧道是黄泉道，因为它的尽头恰恰是通往孝王墓的方向。

在徐州楚王夫妇的"同穴不同茔"的墓中，就有一条甬道连接起了他们的墓室，这条甬道被称为黄泉道。这应当来自汉朝视死如生的葬俗。

因此人们认为，王后墓中的隧道也应该是黄泉道。

史书对李后的记载并不多，但是有一个故事格外引人瞩目。

河南省永城市汉文化研究会江华称，梁孝王生前有一个价值连城的宝物叫作罍樽，当年交给李王后进行保存，并给后人说这个东西必须好好地保管，不能送给别人。后来李王后的孙子和她的孙媳听到这个事以后，想得到这件宝物，就跟祖母索要，他的祖母说，先王有命，这件宝物不能随便送于人，库房里的东西价值百万的太多了，你们可以随便拿。但是她的孙子和孙媳不听劝告。

因为孙子梁平王和孙媳妇任王后最终抢走了梁孝王生前送给李后的罍樽，李后被气得一病不起，几天后便抑郁而终。

罍樽： 亦作"垒樽"，饰有云雷状花纹的酒尊。也泛指酒尊。

由于李后死的仓促，黄泉道最终只开凿了四分之一。

如果这些联想是成立的，那么黄泉道上刻的这些图案又有什么意义呢？这时有人提出，用小石子把7个图案摆弄出来，也许能发现什么。

没想到几分钟后，一个奇妙的现象出现了。

7个圆排列的图形，像极了北斗七星的形状。

梁孝王和李后墓的谜底似乎揭开了，但是西汉梁国的谜题却并没有到此结束。

就在20世纪90年代的某一天，又一个梁国墓葬在芒砀山叫柿园的地方破土而出。这个墓的主人正是梁孝王和李后的儿子——梁共王刘买。

柿园汉墓比起孝王墓和李后墓规模小了很多，只有一个主室和几个侧室，没有回廊。但是在这样一个看起来很不起眼的墓葬里，却有了惊人的发现。

在墓室顶部，有一幅巨大的壁画，吸引了专家的目光。这幅壁画有30平方米，壁画上一条青龙占据了主体，然后是白虎、朱雀，看起来这像是一幅四神图。

但是玄武却与通常看到的不同。通常的玄武是蛇缠到乌龟的身上，而这幅画上却是龙的身上缠了一个鱼身鸭嘴状的东西。

壁画上这样一个鱼身鸭嘴兽与四神里的其他三神出现在一起，专家们还是第一次见到，它究竟代表了什么意义呢？

这幅西汉时期的巨大壁画，色彩艳丽，气势恢宏。它保存如此完整，在汉墓中极为罕见。这幅壁画早于我国敦煌壁画，被专家们誉为"敦煌前的敦煌"。

芒砀山的梁王陵墓群，揭开了西汉梁国鲜为人知的历史。叱咤风云的梁孝王和享尽荣华富贵的李后，最后落得抑郁而终，暴病而亡。

万般执着终究化成了一场梦。

芒砀山这座古老而神秘的山，似乎还有许多未尽的秘密。